আপনি যখন নিজের পুঁজির নিবেশ করেন... তখন সেটার অর্থ হয় যে, আপনি নিজের পুঁজিকে বাড়াতে চান। সঞ্চয়ের তুলনায় নিবেশ করার সময় মূল পুঁজি ডুবে যাওয়ার ঝুঁকি বেশী মাত্রায় থাকে। ঝুঁকি ওঠানোর প্রতিদানে নিবেশকারীর অধিক উপার্জন বা বৃদ্ধি প্রাপ্ত করার সম্ভাবনাও থাকে আর মুদ্রাস্ফীতির থেকে রক্ষা পাওয়ার জন্য কম ঝুঁকিসম্পন্ন যোজনাগুলোর তুলনায় বেশী সুরক্ষাও প্রাপ্ত হয়। সুনিয়োজিত পদ্ধতিতে নিবেশ করলে এই ঝুঁকির হাত থেকে রক্ষা পাওয়া যেতে পারে। আলাদা-আলাদা যোজনায় নিজের টাকা নিবেশ করে আপনি ঝুঁকি আর বেশী মুনাফার মধ্যে সামঞ্জস্য বজায় রাখতে পারেন।

শেয়ার বাজারে কি ভাবে সফলতা অর্জন করবেন ?

দীনকর কুমার

ডায়মণ্ড বুক্স

প্রকাশক : ডায়মণ্ড বুক্স (প্রা.) লিমিটেড
X - 30, ওখলা ইণ্ডাষ্ট্রিয়াল এরিয়া, ফেজ - II
নূতন দিল্লী - 110 020
ফোন : 011 - 40712100
ই-মেল : sales@dpb.in
ওয়েবসাইট : www.diamondbook.in

মুদ্রক : আদর্শ প্রিন্টার্স, শাহদরা, দিল্লী - 110 032

Sheyar Bazare Ki Bhabe Safalata Arjan Korben
By : *Dinkar Kumar*

-: সূচীপত্র :-

শেয়ার সম্পর্কে যে কথাগুলি অবশ্যই জানা প্রয়োজন

শেয়ার বাজারের মাধ্যমে জবরদস্ত রোজগার হওয়ার কাহিনী আপনারা নিশ্চয়ই শুনে থাকবেন আর হয়তো আপনাদের মনেও এই ধরণের লাভ করার ইচ্ছা জেগে থাকবে। কিন্তু আপনারা হয়তো নিজেদের খুব কাছের কোন ব্যক্তির ব্যাপারে এমন খবরও শুনে থাকবেন যে, উনি কি ভাবে শেয়ার বাজারে টাকা লাগিয়ে নিজের সারা জীবন ধরে জমানো সমস্ত পুঁজি হারিয়ে বসেছেন আর তখন হয়তো আপনি নিজেকে এই স্বান্তনা দিয়েছিলেন যে, আপনি শেয়ার বাজারে টাকা না খাটিয়ে ঠিকই করেছেন।

আসুন, শেয়ার বাজার সম্পর্কে সমস্ত প্রকারের চিন্তা-ভাবনাকে মাথা থেকে ঝেড়ে ফেলে, শেয়ার আসলে কি... সেটা জানার চেস্টা করা যাক।

বুদ্ধিসম্পন্ন নিবেশকারীরা অনেক চিন্তা-ভাবনা করার পরে, তবেই শেয়ার কেনেন এবং তাঁরা লাভের মুখ দেখতেও সফল হন।

বিভিন্ন রকম গবেষণা করে জানা গেছে যে, দীর্ঘকালীন মেয়াদে অন্যান্য সমস্ত সম্পত্তি থেকে যে লাভ পাওয়া যায়, তার থেকে শেয়ার বাজারের মাধ্যমে অনেক বেশী টাকা উপার্জন করা যায়। এর অর্থ হল, আপনি বণ্ড কিনে, ফিক্সড ডিপোজিট করে বা সোনায় নিবেশ করে যতটা লাভ করতে পারবেন, তার থেকে অনেক বেশী লাভ আপনি শেয়ার বাজারে টাকা খাটিয়ে প্রাপ্ত করতে পারবেন।

এটা সত্য যে, শেয়ার বাজারে প্রচুর ঝুঁকিও থাকে... কিন্তু যদি আপনি দীর্ঘমেয়াদী খেলায় বিশ্বাসী হন, তাহলে আপনি অবধারিত লাভের মুখ দেখবেন।

কিন্তু শেয়ার বাজারে টাকা লাগাবার আগে অবশ্যই শেয়ার সম্পর্কে জরুরী কিছু ব্যাপার ভালো করে বুঝে নিন।

01. শেয়ার শুধুমাত্র বুদ্ধিমান লোকেদের জন্যই হয় না

শেয়ারকে বোঝার বিষয়টি অন্তরীক্ষ বিজ্ঞান সম্পর্কে বোঝার মতন কঠিন কাজ নয়। আপনি কি ভাবে নিজের সম্পত্তিকে বাড়াতে পারবেন এবং লোকসানকে কি ভাবে দূরে সরিয়ে রাখতে পারবেন... এই ধরণের রণনীতি বানানোর জন্য অত্যধিক মেধাবী হওয়ার কোন প্রয়োজন নেই।

যদি আপনি এমনটা মনে করেন যে, আপনার কাছে পর্যাপ্ত সময় নেই... তবে আপনি যে কোন পোর্টফোলিয়ো ম্যানেজার বা মিউচ্যুয়াল

ফাণ্ডের মাধ্যমে টাকা নিবেশ করতে পারেন। কিন্তু আপনাকে বুনিয়াদী কিছু ব্যাপার অবশ্যই জানতে হবে। কোন্ ফাণ্ড সব থেকে ভালো, ফাণ্ড ম্যানেজারের নির্বাচন কি ভাবে করবেন এবং কি ভাবে তার কাজের ওপরে নজর রাখবেন।

02. শেয়ার কি ?

যে কোন ব্যবসার ক্ষেত্রেই বিভিন্ন ধরণের সম্পত্তির প্রয়োজন হয় – মেশিন, বাড়ী, ফার্নিচার, নগদ টাকা ইত্যাদি।

ঠিক এই প্রকার ব্যবসায় ধার-দেনাও হয়ে পড়ে। কোম্পানীর ওপরে ঋণের বোঝা বেড়ে ওঠে। ব্যাঙ্ক থেকে গৃহীত ঋণ, ধারে নেওয়া সামগ্রী প্রভৃতি ধার বলেই বিবেচিত হয়।

সম্পূর্ণ সম্পত্তির থেকে ধার-দেনা বাদ দেওয়ার পর, যেটা অবশিষ্ট থাকে... তাকে মূলধন বলা হয়।

সম্পত্তি – ধার-দেনা = মূলধন।

মূলধন হল সেই অর্থ, যা কোন ব্যবসায়ে ব্যক্তির কাছে থাকে। ধীরে-ধীরে সমৃদ্ধ হতে থাকলে লাভও বৃদ্ধি পায় এবং তখন মূলধনও বেড়ে ওঠে।

এই মূলধনকে শেয়ার *(বা স্টক)*-য়ের রূপে ভাগ করা যেতে পারে। যদি কোন কোম্পানীর কাছে 10 কোটি টাকা মূলধন থাকে, তাহলে প্রতি শেয়ারের জন্য 10 টাকা করে ভাগ করে এক কোটি শেয়ারে ভাগ করা যেতে পারে।

মূলধনের কিছুটা ভাগ বা কিছুটা শেয়ার তাঁদের কাছে থাকে, যাঁরা ব্যবসা শুরু করেন এবং তাঁদের প্রোমোটার্স বলা হয়।

বাকী শেয়ার তাঁদের কাছে থাকে, যাঁরা অর্থ নিবেশ করেন। নিবেশকারীরা আমার-আপনার মতন সাধারণ ব্যক্তি হন বা মিউচ্যুয়াল ফাণ্ড বা অন্যান্য সংস্থার নিবেশক হন।

03. শেয়ার কেনার অর্থ কি ?

এখন আপনারা এটা অবশ্যই বুঝে গেছেন যে, শেয়ার কেনার অর্থ কোন ব্যবসায় অংশীদারী প্রাপ্ত করার মতই হয়।

যখন আপনারা শেয়ারে টাকা খাটাবেন, তখন আপনারা বাজারে টাকা খাটান না। আপনারা কোন কোম্পানীর ইকুইটি শেয়ারে টাকা নিবেশ করেন। এই প্রকারে আপনারা সেই কোম্পানীর শেয়ার হোল্ডার বা আংশিক রূপে মালিকে হয়ে ওঠেন।

যেহেতু আপনি কোম্পানীর সম্পত্তির আংশিক মালিক হয়ে ওঠেন, সেহতু কোম্পানীর লাভ-লোকসান – দুটিরই অংশীদারও হয়ে ওঠেন।

মনে করুন যে, আপনি গুজরাট অম্বুজা সিমেন্টের 100 শেয়ারের মালিক... তার অর্থ হচ্ছে এই যে, আপনি এই কোম্পানীর এক ক্ষুদ্রতম অংশের মালিক... কারণ এই কোম্পানীর লক্ষাধিক শেয়ার

রয়েছে।

শেয়ার কেনার অর্থ হচ্ছে ব্যবসা চালানো নিয়ে কোন প্রকারের মাথাব্যথা না করেও সেই ব্যবসার অংশীদার হয়ে ওঠা।

উদাহরণস্বরূপ, যদি গুজরাট অম্বুজা সিমেন্টের লাভ হয়... তাহলে আপনার শেয়ারের দামও বৃদ্ধি পেতে পারে আর যদি লোকসান হয়, তাহলে আপনার শেয়ারের দামও কমতে পারে।

04. দামে বৃদ্ধির অর্থ কি ?

যদি কোন কোম্পানী তার মূলধনকে প্রতি শেয়ার পেছু 10 টাকা করে ভাগ করে, তাহলে সেই 10 টাকাকে শেয়ারের *"ফেস ভ্যালু"* বলা হবে।

যখন শেয়ার বাজারে শেয়ার কেনা-বেচা করা হয়, তখন তার চাহিদা এবং যোগানের ওপর ভিত্তি করে তার দামেও পার্থক্য দেখা দেবে।

সবাই যদি সেই কোম্পানীর শেয়ার কিনতে চায়, তবে সেই কোম্পানীর শেয়ারের দামম বৃদ্ধি পাবে। যদি কোন শেয়ারের প্রতি লোকেদের মধ্যে কোন আগ্রহ না থাকে এবং বেশীর ভাগ লোক যদি সেই কোম্পানীর শেয়ার বিক্রী করে দিতে চান, তাহলে সেই কোম্পানীর শেয়ারের দাম নীচে চলে আসবে।

যে কোন সময়ে শেয়ার বাজারে শেয়ারের দামকে *"শেয়ারের দাম"* বা *"শেয়ারের মার্কেট ভ্যালু"* বলা হয়ে থাকে। এই ভাবে 10 টাকার ফেস ভ্যালু শেয়ারকে 55 টাকায় *(ফেস ভ্যালুর তুলনায় অনেক বেশী দামে)* বা 9 টাকায় *(ফেস ভ্যালুর তুলনায় কম দামে)* বিক্রী করা যেতে পারে।

যখন কোন কোম্পানীর শেয়ারের সংখ্যার সাথে শেয়ারের মার্কেট ভ্যালু গুণ করা হয়, তখন মার্কেট ক্যাপিটালাইজেশন সামনে চলে আসে।

উদাহরণস্বরূপ, যদি 2006 সালের 01-লা নভেম্বর কোন এক কোম্পানীর এক কোটি শেয়ারের ফেস ভ্যালু 10 টাকা এবং মার্কেট ভ্যালু 30 টাকা হয়... তাহলে 2006 সালের 1-লা নভেম্বর সেই কোম্পানীর মার্কেট ক্যাপিটালাইজেশন হবে 30 কোটি টাকা।

5. শেয়ার কি ভাবে কেনা যেতে পারে ?

এটা অত্যন্ত সুখের কথা যে, আপনি শেয়ার বাজারে নিজের ভাগ্য পরীক্ষা করতে চান। স্টক এক্সচেঞ্জে শেয়ারের কেনা-বেচা করা হয়ে থাকে। ভারতের দুটি প্রমুখ স্টক এক্সচেঞ্জ হচ্ছে–ন্যাশনাল স্টক এক্সচেঞ্জ *(এন. এস. আই.)* এবং বোম্বে স্টক এক্সচেঞ্জ *(বি. এস. আই.)*।

আপনি তিন প্রকারে শেয়ার কিনতে পারেন : নিজের দালালের মাধ্যমে, অন্ লাইন বা সেই সময় শেয়ার কিনতে পারেন, যখন কোন কোম্পানী শেয়ার ইস্যু করে। একে *"ইনিশিয়াল পাব্লিক অফারিং"* *(আই. পি. ও)* বলা হয়।

●●

দ্রুত ধনী হওয়ার চাবিকাঠি

ব্যাঙ্কে টাকা জমানোর সঙ্গে যদি শেয়ার বাজারে টাকা খাটানোর তুলনা করা হয়, তবে আপনি লাভ-ক্ষতির মধ্যে আকাশ-পাতাল পার্থক্য দেখতে পাবেন। শেয়ার বাজারের মাধ্যমে আপনি বড় ধরণের লাভের মুখ দেখতে পারেন। আপনি এটাও হয়তো শুনে থাকবেন যে, কি ভাবে কিছু-কিছু ব্যক্তি মাত্র এক বছরের মধ্যে দ্বিগুণ লাভের মুখ দেখে ফেলেছেন। আবার আপনি হয়তো এটাও শুনেছেন যে, শেয়ার বাজার নড়বড় করলে অনেক নিবেশক নিজেদের নিবেশের এক-চতুর্থাংশেরও বেশী অংশ ডুবে গেছে।

আসুন, শেয়ার বাজারের সঙ্গে ব্যাঙ্কের ফিক্সড ডিপোজিটের তুলনামূলক বিচার করে দেখা যাক। আপনি ফিক্সড ডিপোজিটে নিবেশ করা অর্থের ওপরে প্রতি বছর শুধুমাত্র পাঁচ থেকে ছয় শতাংশই লাভ প্রাপ্ত করেন... কিন্তু আপনার নিবেশ করা অর্থ সুরক্ষিত থাকে।

ব্যাঙ্কে টাকা জমা করার অর্থ হল একটি নির্দ্দিষ্ট মেয়াদের জন্য *(মাস অথবা বছর)* নির্দ্দিষ্ট লাভের হারে *(সুদের হিসাবে)* আপনি ব্যাঙ্ককে টাকা ধার দিচ্ছেন। মেয়াদ পূর্ণ হলে ব্যাঙ্ক আপনাকে সুদ সমেত আসল টাকা ফেরত দেবে।

যখন আপনি শেয়ারে টাকা খাটান, তখন আপনি আর বাজারে টাকা নিবেশ করেন না *(যেমনটা অনেক নিবেশকই চিন্তা করেন)*। আপনি কোন কোম্পানীর ইক্যুইটি শেয়ারে নিবেশ করেন। এই প্রকারে আপনি সেই কোম্পানীর শেয়ার হোল্ডার বা অংশীদার হয়ে পড়েন।

এর মধ্যে সব থেকে ভালো ব্যাপার হচ্ছে এই যে, আপনি কোম্পানীর সম্পত্তির ভাগীদার হওয়ার কারণে সেই সম্পত্তির ওপরে প্রাপ্ত হওয়া লাভেরও অধিকারী হয়ে যান।

এক্ষেত্রে ঝুঁকির ব্যাপার হচ্ছে এই যে, কোম্পানীর লোকসান হলে আপনাকে সেই লোকসানেরও অংশীদার হতে হবে।

যদি আপনি শেয়ার হোল্ডার হন, তবে কোম্পানীর লাভের থেকে আপনি দু ভাবে লাভবান হতে পারেন ঃ ক্যাপিটাল এ্যপ্রিশিয়েশন অথবা ডিভিডেন্ট।

ডিভিডেন্ট ঃ

সাধারণতঃ যখন কোন কোম্পানী অর্জিত মুনাফার বিতরণ করে তখন তাকে ডিভিডেন্ট বলা হয়।

উদাহরণস্বরূপ ঃ ধরুন কোন কোম্পানী 2006-2007-আর্থিক বছরে 1 কোটি টাকা লাভ করল। সেই অর্জিত লাভের অর্ধেক অংশ নতুন মেশিন বা কাঁচা মাল কেনার জন্য বা ব্যাঙ্কের থেকে নেওয়া ঋণ শোধ করার জন্য রেখে দেওয়া হল এবং বাকী অর্ধেক টাকা কোম্পানী নিজেদের শেয়ার হোল্ডারদের মধ্যে ডিভিডেন্টের রূপে বিতরণ করে দেবে।

ধরুন যে, কোম্পানীর পুঁজি 10,000 শেয়ারের মধ্যে ভার করা হয়েছে। এর অর্থ হল লাভের অর্ধেক অংশ 50 লক্ষ টাকা 10 হাজার শেয়ারের মধ্যে ভাগ করে দেওয়া হবে এবং প্রত্যেক শেয়ারের ভাগে 500 টাকা করে আসবে। এই প্রকার প্রতি শেয়ার 500 টাকা ডিভিডেন্ট বলা হবে। যদি আপনার কাছে সেই কোম্পানীর 100-টি শেয়ার থাকে, তাহলে আপনি কোম্পানীর কাছ থেকে 50,000 টাকার চেক (100 শেয়ার x 500 টাকা) পাবেন।

কখনও-কখনও শতাংশের ভিত্তিতেও ডিভিডেন্ট প্রদান করা হয়ে থাকে। যেমন ধরুন, কোম্পানী এমনটা বলতে পারে যে, তারা 50 শতাংশ ডিভিডেন্ট দেবে। এখানে এটা মনে রাখা প্রয়োজন যে, শেয়ারের ফেস ভ্যালুর ওপরে ভিত্তি করেই এই ধরণের ডিভিডেন্ট দেওয়া হয়ে থাকে। এর অর্থ হল, যদি কোন শেয়ারের ফেস ভ্যালু 10 টাকা হয়, তাহলে 50 শতাংশ ডিভিডেন্ট দেওয়ার কারণে প্রতি শেয়ার পেছু 5 টাকা হবে।

এমনটাও হতে পারে যে, আপনি শেয়ার কেনার সময় ফেস ভ্যালু 10 টাকা প্রতি শেয়ার দেননি আর সেই সময়ের মার্কেট ভ্যালু অনুসারে

প্রতি শেয়ার পেছু 100 টাকা করে দিয়েছেন। এমন পরিস্থিতিতেও ডিভিডেন্টের রূপে আপনি প্রতি শেয়ার 5 টাকা করেই পাবেন। শতাংশের হিসেবে দেখলে আপনি মাত্র 5 শতাংশ লাভই প্রাপ্ত করবেন আর কোম্পানীর ঘোষণা অনুসারে 50 শতাংশ লাভ আপনি পাবেন না।

এমনও হতে পারে যে, আপনি মার্কেট ভ্যালু অনুসারে প্রতি শেয়ার 9 টাকা করে কিনেছেন। এমন পরিস্থিতিতেও আপনি ডিভিডেন্টের রূপে প্রতি শেয়ার 5 টাকা করেই পাবেন।

ক্যাপিটাল গেন ঃ

যেমন-যেমন কোম্পানী বড় হতে থাকে, তার সম্পত্তি এবং লাভও বৃদ্ধি পেতে থাকে। একই সাথে তার ব্যবসার গুরুত্বও বৃদ্ধি পায়: এই প্রকারে সেই কোম্পানীর শেয়ারের মূল্যও বেড়ে ওঠে। এই কারণে যখন আপনি এমন কোম্পানীর শেয়ার বাজারে বিক্রী করেন, তখন আপনি প্রীমিয়াম প্রাপ্ত করেন। একেই *'ক্যাপিটাল গেন'* বলা হয়ে থাকে এবং এর আকর্ষণেই বেশীর ভাগ লোক শেয়ার বাজারে টাকা-পয়সা নিবেশ করে থাকেন। নিবেশকারীরা লাভের মাধ্যমে অনেক বেশী অর্থ উপার্জন করতে চান এবং এমনটা শেয়ারে অর্থ নিবেশ করার মাধ্যমে সম্ভব হতে পারে।

এমনিতে লাভ এত সহজে প্রাপ্ত করা যায় না। শেয়ারের দাম ক্রমাগতঃ পরিবর্তিত হতে থাকে। আপনি যে দামে শেয়ার কিনেছেন, শেয়ারের দাম তার তুলনায় বাড়তেও পারে... আবার কমতেও পারে।

যদি আপনি কোন শেয়ার 10 টাকা দিয়ে কিনে এক বছর বাদে 20 টাকায় বিক্রী করেন, তাহলে আপনি 10 টাকা লাভ করতে পারবেন অর্থাৎ আপনি 100 শতাংশ লাভ করবেন।

অথবা যদি আপনি একটি শেয়ার 10 টাকা দিয়ে কিনে এক বছর পরে সেটা 9 টাকায় বিক্রী করেন, তবে আপনার 1 টাকা লোকসান হবে অর্থাৎ আপনার 10 শতাংশ লোকসান হবে।

এবার আসুন, ডিভিডেন্ট এবং ক্যাপিটাল গেনকে এক সঙ্গে বিচার করে দেখা যাক।

যদি আপনি একটা শেয়ার 10 টাকায় কিনে এক বছর পরে সেটা 20 টাকায় বিক্রী করেন, তবে আপনার 10 টাকা অর্থাৎ 100 শতাংশ লাভ হয়।

এর মধ্যে ডিভিডেন্ট স্বরূপ প্রাপ্ত 5 টাকাকে যোগ করলে আপনার লাভ 10 টাকা + 5 টাকা = 15 টাকা বা 150 শতাংশ হবে।

আপনি যদি 10 টাকা দিয়ে শেয়ার কিনে এক বছর পরে সেটা 9 টাকায় বিক্রী করেন, তবে শেয়ার পেছু আপনার 1 টাকা লোকসান হবে।

যেহেতু ডিভিডেন্ট হিসাবে আপনি 5 টাকা পাচেছন, সুতরাং আপনি কোম্পানীর থেকে প্রতি শেয়ার পেছু 4 টাকা করে লাভ পাবেন।

শতকরা হিসেবে আপনি 40 শতাংশ লাভ প্রাপ্ত করবেন।

নিবেশ এবং কর ঃ

যদি আপনি নিয়মিত করদাতা হন... তবে এটা জেনে নিন যে, সরকারের নতুন আর্থিক নীতিতে শেয়ার বাজারে নিবেশকারীদের সুবিধার দিকে বিশেষ দৃষ্টি দেওয়া হয়েছে। ডিভিডেন্টের ওপরে কোন প্রকারের কর দিতে হয় না। এমন কি দীর্ঘমেয়াদী ক্যাপিটাল গেনের জন্যও আপনাকে কোন প্রকারের কর দিতে হবে না। এর অর্থ হল, যদি আপনি একটা শেয়ার কেনেন এবং সেটাকে কম পক্ষে এক বছর নিজের কাছে রাখার পর লাভের দরেই বিক্রী করে দেন, তবে সেই লাভের ওপসরে আপনাকে কোন রকম কর দিতে হবে না। যদি আপনি নিজের শেয়ারকে এক বছরের ভেতরেই বিক্রী করে দেন, তবে স্বল্পমেয়াদী ক্যাপিটাল গেন ট্যাক্সের রূপে আপনার থেকে 10 শতাংশ কর আদায় করা হতে পারে।

শেয়ারে নিবেশ করাটা ঝুঁকির কাজ তো বটেই... কিন্তু দ্রুত গতিতে ধনী হওয়ার এটি একটি অব্যর্থ রাস্তাও হয়। হয়তো এই কারণেই বেশীর ভাগ লোক শেয়ার বাজারের প্রতি আকৃস্ট হচেছন।

●●

শেয়ার বাজারকে জানুন

দেশে ইকুইটি কালচারকে বিকশিত করার ক্ষেত্রে শেয়ার বাজার অত্যন্ত গুরুত্বপূর্ণ ভূমিকা পালন করে। মুম্বই শেয়ার বাজারে প্রতি দিন প্রায় 2500 কোম্পানীর ট্রেডিং হয়।

ট্রেডিং সেটলমেন্ট ঃ

বর্তমানে শেয়ার বাজারে T + 2 নিয়মের মাধ্যমে আবশ্যক রোলিং সেটলমেন্ট হয়। গোটা বিশ্বে খুব কম দেশের শেয়ার বাজারে T + 2 সেটলমেন্টের প্রক্রিয়া রয়েছে... তাই আজ গোটা বিশ্বে ভারতীয় শেয়ার বাজারকে এক অত্যাধুনিক শেয়ার বাজার হিসেবে গণ্য করা হয়ে থাকে। T + 2 সেটলমেন্ট প্রক্রিয়ার অন্তর্গত নিবেশকদের কেনা-বেচা করা শেয়ারের ডেলিভারী বা পেমেন্ট খুব দ্রুত করার উদ্দেশ্য থাকে। T + 2 সেটলমেন্টের অন্তর্গত ট্রেডিং-য়ের প্রতি তৃতীয় দিনে শেয়ারগুলির পে-ইন্ বা পে-আউট হয়ে যায়। গোটা দেশে শেয়ারে ডিয়েটেরিলাইজেশনের *(ডিমেট)* ব্যবসার কারণে সেটলমেন্ট প্রক্রিয়া দ্রুত করার ফলে শেয়ার বাজার সফল হয়েছে।

নীলাম ঃ

শীঘ্র সেটলমেন্ট প্রক্রিয়ার সাথে ডিমেট সুবিধা বিকশিত করার জন্য শেয়ারের নীলামের সংখ্যা নিয়ন্ত্রিত হয়ে আসছে। পে-ইন্-য়ের নির্দ্দিষ্ট তারিখ পর্যন্ত যদি কোন নিবেশকারী নিজের দালালের মাধ্যমে শেয়ারের ডেলিভারী পেতে ব্যর্থ হন, তাহলে আবশ্যক নীলামী প্রক্রিয়া শুরু করা যেতে পারে। এই কারণে নিবেশকারীদের পক্ষে নির্দ্দিষ্ট সময়ের মধ্যে শেয়ার ডেলিভারী দেওয়াটা অত্যন্ত গুরুত্বপূর্ণ হয়।

সার্কিট ব্রেকার ঃ

শেয়ার বাজারে যে কোন স্ক্রীপে যদি অস্বাভাবিক ওঠা-নামা হয়, তবে সেই ওঠা-নামাকে সীমিত করার জন্য সার্কিট ব্রেকারের ব্যবহার করা হয়। সার্কিট ব্রেকারের সীমা 2 শতাংশ থেকে 20 শতাংশ পর্যন্ত থাকে। যদিও ডেরিভেটিভ্স সেগমেন্টের অন্তর্ভুক্ত স্ক্রিপ্সকে এর থেকে বাইরে রাখা হয়েছে। শেয়ার বাজার মাঝে-মাঝে পরিস্থিতিকে মাথায় রেখে সার্কিট ব্রেকারে পরিবর্তন করতে থাকে।

ফিউচার্স এবং অপশন ঃ

2000 সালের জুন মাস ভারতের পুঁজি বাজারের জন্য এক অবিস্মরণীয় মাস ছিল। 2000 সালের 9-ই জুন বি. এস. ই. ডেরিভেটিভ্স ট্রেডিং শুরু করে। ডেরিভেটিভ্সের মধ্যে ফিউচার্স এবং অপশন থাকলেও শুধুমাত্র ফিউচার্স কন্ট্রাক্টের মাধ্যমে এর শুরু করা হয়েছিল। ভারতীয় বাজারে ডেরিভেটিভ্স ট্রেডিং শুরু করার প্রধান উদ্দেশ্য ছিল বাজারের খেলোয়াড়রা ঝুঁকির নিয়ন্ত্রণ বা সঞ্চালন করার সুবিধা প্রাপ্ত করেন অথবা হেজিং করার সুবিধা পান।

2004 সালের 16-ই সেপ্টেম্বর ভারতীয় ক্যাপিটাল মার্কেটে আবার এক নতুন ঐতিহাসিক দিবস ছিল... এই দিন দেশে প্রথম বার সাপ্তাহিক অপশন শুরু করা হয়েছিল। স্থানীয় এবং আন্তর্জাতিক ক্ষেত্রের এফ এ্যাণ্ড ও মার্কেটের জন্য এটি একটি নতুন প্রোডাক্ট ছিল। রিলায়েন্স, সত্যম, স্টেট ব্যাঙ্ক অফ্ ইণ্ডিয়া, টিস্কো এবং সূচকাংকে সর্বপ্রথম অপশনের এই সাপ্তাহিক কন্ট্রাক্ট শুরু করা হয়েছিল।

ডেরিভেটিভ্সে বিভিন্ন ধরণের কন্ট্রাক্টের সমাবেশ থাকে। এতে ইণ্ডেক্স ফিউচার্স, ইণ্ডেক্স অপ্শন, স্টক ফিউচার, স্টক অপ্শন, উইকলী অপ্শনের বিভিন্নতা থাকে।

ইণ্ডেক্স ফিউচার কন্ট্রাক্ট 1-2-3 মাসের হয় এবং এর সঠিক সাইজ হচ্ছে 0.05 ইণ্ডেক্স পয়েন্ট। প্রতি মাসের শেষ বৃহস্পতিবার পর্যন্ত কন্ট্রাক্টের মেয়াদ থাকে এবং যদি সেদিনে কোন ছুটী পড়ে যায়, তবে পরের দিন সেটা শেষ হয়। যে দিন কন্ট্রাক্ট সম্পূর্ণ হয়, সেদিনের শেষে নির্ধারিত ইণ্ডেক্স ভ্যালুকে মাথায় রেখে নতুন কার্য সম্পূর্ণ করার মূল্য নির্ধারিত করা হয়।

ইণ্ডেক্স অপ্শন কন্ট্রাক্ট মাসিক এবং সাপ্তাহিক – দুই-ই হয়।

কন্ট্রাক্টের মেয়াদ এক, দুই আর তিন মাসের এবং এক আর দুই সপ্তাহের হয়। এই কন্ট্রাক্ট ইউরোপীয়ান স্টাইলের হয়। এতে কম পক্ষে তিনটি স্ট্রাইক দিতে হয়। এতেও প্রত্যেক মাসের শেষ বৃহস্পতিবারকেই কন্ট্রাক্টের শেষ দিন বলে ধার্য্য করা হয়েছে এবং উইকলী অপ্শনে প্রতি বৃহস্পতিবারকে কন্ট্রাক্টের ম্যাচিউরিটি বলে ধরে নেওয়া হয়।

সিঙ্গল স্টক ফিউচারের কন্ট্রাক্টের সময় এক, দুই এবং তিন মাসের হয়। এর সঠিক সাইজ 0.05 পয়েন্ট অথবা পাঁচ পয়সার হয়। প্রতি শেয়ারের প্রাইজ কোটেশন টাকায় হয়। এই কন্ট্রাক্টও প্রতি মাসের শেষ বৃহস্পতিবারেই সম্পূর্ণ হয়।

স্টক অপ্শন কন্ট্রাক্ট মাসিক এবং সাপ্তাহিক ভিত্তিতে চালিত হয়। এই কন্ট্রাক্টের মেয়াদ 1-2-3 মাস হয় এবং কম পক্ষে তিনটি স্ট্রাইক

(কাছের, মাঝের এবং দীর্ঘকালের) দিতে হয়। এই কন্ট্রাক্টেরও শেষ দিন প্রতি মাসের শেষ বৃহস্পতিবার হয়।

ডেরিভেটিভ্স আসলে এক প্রকারের প্রতিশ্রুতির বাজার হয়। এই বাজারেও ভবিষ্যতে শেয়ারের মূল্য বৃদ্ধি পাবে... এই ধারণার ওপর নির্ভর করে এখন থেকেই শেয়ার বিক্রী করার কন্ট্রাক্ট করা হয়। এই কন্ট্রাক্ট কিছু নির্দ্দিষ্ট মান্য দালালের দ্বারাই বিক্রী করা হয়ে থাকে। যদি আপনি মনে করেন যে, ভবিষ্যতে শেয়ারের দাম বৃদ্ধি পাবে... তবে আপনাকে এমন একটা কন্ট্রাক্ট কিনতে হবে, যাতে আপনি এই চুক্তির মেয়াদ পূর্ণ হওয়ার পরে কিছু নির্দ্দিষ্ট মূল্যে কিছু নির্দ্দিষ্ট সংখ্যক শেয়ার নেবেন, এই অঙ্গীকারে আবদ্ধ হন। যদি মূল্য বৃদ্ধি পায় এবং আপনার ধারণা সঠিক প্রমাণিত হয়... তাহলে কন্ট্রাক্ট কেনার জন্য দেওয়া টাকা এবং কন্ট্রাক্ট সম্পূর্ণ হওয়ার সময়ে শেয়ারের বর্তমান বাজার মূল্যের মধ্যে যে পার্থক্য থাকবে, তা আপনি পেয়ে যাবেন... এটিকে আপনার লাভ বলে মানা হবে। ঠিক এক ভাবে, যদি আপনি মনে করেন যে, অমুক শেয়ারের দাম কমবে... তবে আপনাকে এমন কন্ট্রাক্ট কিনতে হবে, যাতে আপনাকে কন্ট্রাক্ট ম্যাচিয়োরের তারিখে নির্দ্দিষ্ট মূল্যে কিছু নির্দ্দিষ্ট সংখ্যক শেয়ার বেচবেন, এই অঙ্গীকারে আবদ্ধ হন। যদি আপনার ধারণা ঠিক হয় এবং শেয়ারের দাম কমে... তবে তাহলে কন্ট্রাক্ট কেনার জন্য দেওয়া টাকা এবং সম্বন্ধিত শেয়ারের বর্তমান বাজার মূল্যের মধ্যে যে পার্থক্য থাকবে, তা আপনি পাবেন। আর যদি আপনার ধারণা ভুল বলে প্রমাণিত হয় এবং শেয়ারের দাম কমার পরিবর্তে বেড়ে ওঠে, তবে আপনি কন্ট্রাক্ট কেনার জন্য প্রিমিয়াম হিসেবে যে টাকা দিয়েছেন, আপনাকে সেটা ভুলে যেতে হবে। একই ভাবে যদি আপনি শেয়ার কেনার কন্ট্রাক্ট কিনে থাকেন এবং শেয়ারের মূল্য বৃদ্ধি পাওয়ার পরিবর্তে কমে আসে, তবে আপনি এই শেয়ার নেওয়ার পরিবর্তে কন্ট্রাক্ট কেনার জন্য যে টাকা দিয়েছিলেন, সেটা আপনাকে ভুলে যেতে হবে। খরিদ্দারকে এই যে অধিকার দেওয়া হয়, তাকে কন্ট্রাক্ট অপ্শন বলে।

ভবিষ্যতে শেয়ারের দাম বাড়বে... আপনি যদি এই ধারণার ভিত্তিতে কন্ট্রাক্ট কেনেন, তবে তাকে কল অপ্শন এবং শেয়ারের মূল্য কমবে, আপনি যদি এই ধারণার ভিত্তিতে কন্ট্রাক্ট কেনেন, তবে সেটাকে পুট অপ্শন বলে। এই ভাবে আমাদের ভাষায় কল অপ্শনের খরিদ্দারদের তেজড়িয়া এবং পুট অপ্শনের কন্ট্রাক্ট বিক্রেতাদের মন্দড়িয়া বলা হয়।

বাজারে কল অপ্শনের তুলনায় পুট অপ্শনের কন্ট্রাক্ট বেশী হলে তাকে মন্দতার পরিবেশ বলে চিহ্নিত করা হবে এবং যদি পুট অপ্শনের তুলনায় কল অপ্শন বেশী হয়, তবে সেটাকে তীব্রতার পরিবেশ বলা

যেতে পারে।

কল এবং পুট অপ্‌শনের মধ্যে যে মাত্রা থাকে, তাকে কল-পুট ওনুপাত বলা হয়। বর্তমানে ডেরিভেটিক্স মার্কেটে শেয়ারের ডেলিভারী দেওয়া বা নেওয়া হয় না। শুধুমাত্র মূল্যের পার্থক্যের ভিত্তিতে এর কার্য সম্পন্ন হয়। এই কারণে এই অনুপাত ক্যাশ মার্কেটের ওপরে বেশী প্রভাব ফেলে না... তবুও এর সাহায্যে আপনি বাজারের মনোবৃত্তির আভাস পেতে পারেন।

প্রকৃত পক্ষে ডেরিভেটিভ্সের অর্থ হল – যার নিজেস্ব কোন মূল্য নেই। অন্য কিছুর মাধ্যমেই তার মূল্য নির্ধারিত করা হয় *(একে ইংরাজীতে ডিরাইভ বলা হয়)*। এটি অন্য কোন সাধন শেয়ার, কমোডিটি বা ইণ্ডেক্স – যা কিছু হতে পারে, যাকে বাজারের ভাষায় আণ্ডারলাইং স্টক বা আণ্ডারলাইং সিকিউরিটিজ বলা হয়।

এর থেকেও সহজ ভাবে বলতে গেলে, কোন বস্তু বা শেয়ার ইত্যাদি যদি ভবিষ্যতে কোন নির্দ্দিষ্ট তারিখে কোন নির্দ্দিষ্ট মূল্যে কেনা বা বিক্রী করার সিকিউরিটি কন্ট্রাক্ট (রেগুলেশন) এ্যাক্টের অন্তর্গত আণ্ডারলাইং সিকিউরিটির মূল্য অথবা ইণ্ডেক্সের মূল্যের মধ্যে মূল্য উৎপাদক কন্ট্রাক্টকে ডেরিভেটিভ্স কন্ট্রাক্ট বলা হয়। ডেরিভেটিভ্সে দুই ধরণের কন্ট্রাক্ট থাকে... ফিউচার কন্ট্রাক্ট এবং অপ্‌শন কন্ট্রাক্ট।

ফিউচার কন্ট্রাক্ট কোন আণ্ডারলাইং সিক্যুরিটিজের ভবিষ্যতের নির্দ্দিষ্ট কোন তারিখে কেনা বা বিক্রী করার সাথে সম্পর্কিত কন্ট্রাক্ট হয়। এই নির্দ্দিষ্ট তারিখে বাজারে সিকিউরিটিজের যা মূল্য থাকবে, সেটি এবং কন্ট্রাক্টে যে দাম নির্ধারণ করা থাকবে... তার মধ্যেকার পার্থক্য পূরণ করে অথবা এই সিকিউরিটির ডেলিভারি দিয়ে প্রতিশ্রুতি সম্পূর্ণ করতে হবে।

অপ্‌শন কন্ট্রাক্টে কন্ট্রাক্ট পূর্ণ হওয়ার তারিখে কন্ট্রাক্ট ধারক কন্ট্রাক্টের শেষে অথবা তা পূর্ণ হওয়ার তারিখে আণ্ডারলাইং এ্যাসেটের ডেলিভারী দেওয়া অথবা নেওয়ার মধ্যে একটা পথ বেছে নিতে পারেন এবং তার জন্য তাঁকে কোন জবাবদিহি করতে হয় না। বস্তুতঃ তিনি অপ্‌শন রাইটার থেকে নির্দ্দিষ্ট টাকা দিয়ে অন্য কিছু কিনে নেন। একে প্রীমিয়াম বলে। যদি ম্যাচিউরিটি মেয়াদে ক্রেতা ধারকের পক্ষে না থাকেন, তবে ধারক টাকা দিয়ে এই ধরণের বিকল্প পথ অবলম্বন করতে পারেন। এতে শুধুমাত্র যে প্রীমিয়াম দেওয়া হয়ে গেছে, সেটা ভুলে যেতে হয়।

যদি কন্ট্রাক্ট পূর্ণ হওয়ার তারিখ পর্যন্ত সম্পূর্ণ বিষয়টি ধারকের পক্ষে থাকে, তবে তিনি এই বিকল্প পথ অবলম্বন করতে পারে এবং প্রস্তাবিত এজেন্টের থেকে ডেলিভারী চাইতে পারেন।

●●

পরিকল্পিত ভাবে ফিক্সড নিবেশের ক্ষেত্রে বিভিন্নতা আনুন

মিউচ্যুয়াল ফাণ্ড ইক্যুইটি স্কীমের পর্যায়ে পরিণত হয়ে পড়েছে। ডেট ফাণ্ডের দিকে কেউ একবার তাকিয়ে পর্যন্ত দেখেন না। যদি ডেট নিবেশ করতেই হয়, তবে লোকেরা ব্যালান্স স্কীমের নির্বাচন করেন। যদি সামান্য সময়ের জন্য নিবেশ করতে হয়, তবে লিক্যুইড বা ফ্লোটিং রেট ফাণ্ডকেই গ্রহণ করা হয়। কিন্তু এখন সময় বদলাচ্ছে। সুদ কি ভাবে বৃদ্ধি পাচ্ছে, তা আমরা সবাই জানি। শুধুমাত্র তারিখ এবং দরের ওপরেই অনুমান লাগানু। কখনোই দুটোর ওপরে কখনোই নয়। শেয়ারের দামের মতন, সুদের হারও বাড়ে-কমে। কিন্তু, এটা কেউ বলতে পারেন না যে, কখন কি হবে? আমরা এমন এক যুগে বাস করছি, যা খুব দ্রুত গতিতে পরিবর্তিত হচ্ছে। বিভিন্ন দেশের মধ্যে ঝামেলা, কমোডিটি... বিশেষ করে তেলের মূল্য বৃদ্ধি, তার প্রভাব, বৈদেশিক ব্যবসা, সরকারী নীতি, আতংকবাদের ভয় প্রভৃতির কারণ একত্রিত হয়ে সুদের হারকে ভীষণ ভাবে প্রভাবিত করছে। এই কারণে এই সম্পর্কে সঠিক অনুমান লাগানো অসম্ভব হয়ে উঠেছে।

বাজারের খেলোয়াড়রা যে কতটা অনিশ্চয়তায় ভুগছেন, তা এটা থেকে বোঝা যায় যে, লং টার্ম ফিক্সড ইনকাম ইন্সট্রুমেন্ট থেকে পাওয়া রিটার্ন বিশেষ কিছুই নয়। 110 বছরের সরকারী বণ্ড থেকে যে রিটার্নের হার মাত্র 8.20 শতাংশ। বিশেষ করে, দীর্ঘমেয়াদী ফাণ্ড নিবেশের ক্ষেত্রে প্রীমিয়াম পাওয়া উচিত। এটি সত্যি হতে পারে... কিন্তু এতে কিছু পার্থক্য সৃষ্টি হয় না। নিবেশকারী অনেক কম বা কোন রকম ঝুঁকি ছাড়াই এই হারে রিটার্ন পেতে পারেন। যদিও ফাণ্ডের নির্বাচনটা খুবই গুরুত্বপূর্ণ বিষয় হয়। এটি সমস্ত ইনকাম স্কীমের ক্ষেত্রে প্রযোজ্য নয়। বেশীর ভাগ ইন্‌কাম স্কীমে প্রায় 4 থেকে 5 শতাংশ রিটার্ন পাওয়া যায়। এর কারণ হল বর্তমান ইন্‌কাম স্কীমগুলি নিম্ন দরের বিকল্পগুলিতে নিবেশরত।

সুদের হার বেড়ে উঠলে, কম রিটার্ন যুক্ত নিবেশ বিকল্পগুলিকে কম মূল্যে বিক্রী করতে হয়েছিল। এর ফলে স্কীমের এন. এ. পি. এবং

নিবেশের ক্ষেত্রে রিটার্ণ কমে গেছিল। সুদের হার এবং ফিক্সড ইন্‌কাম নিবেশের বিকল্পের দামের মধ্যে উল্টো সম্পর্ক থাকে। অন্য ভাবে বলা যায়, সুদের হার বেড়ে উঠলে ফিক্সড ইন্সট্রুমেন্টের দাম কমতে থাকে। একে সুদের হারের ঝুঁকি বলা যেতে পারে এবং বর্তমান রিটার্ন হার অনুসারে পোর্টফোলয়োতে যে পরিবর্তন হয়, তাকে 'মার্ক টু মার্কেট' বলা হয়।

বাঁচার রাস্তা

এর থেকে বাঁচার জন্য দুটি রাস্তা আছে। প্রথমতঃ, ম্যাচিয়োর হওয়া পর্যন্ত নিবেশরত হয়ে থাকুন। সুদের হারের ঝুঁকির প্রভাব ম্যাচিয়োরের আগের কেনা-বেচার ওপরেই হয়। এই কারণে পি. পি. এফ., টীলিফ বণ্ডের মত নিবেশ বিকল্পের ওপরে কোন সুদের হারের ঝুঁকি থাকে না... কারণ সাধারণতঃ এই নিবেশগুলি ম্যাচিয়োরের সময় পর্যন্ত বজায় থাকে। ফিক্সড ম্যাচিউরিটি প্ল্যান *(এফ. এম. পি.)*-তেও ফাণ্ডের নিবেশ সেই সব ক্ষেত্রেই করা হয়, যে ক্ষেত্রে উভয়েরই ম্যাচিউরিটির সময় প্রায় এক হয়। এর ফলে সুদের মূল্যের ব্যাপারে কোন রকম ঝুঁকি থাকে না। যদিও এফ. এম. পি.-তে যে টাকা নিবেশ করা হয়, তা স্কীমের ম্যাচিউরিটি পর্যন্ত একই থাকে।

অপর রাস্তাটি স্বল্পমেয়াদী নিবেশের ক্ষেত্রে প্রযোজ্য হয়। এক্ষেত্রে সুদের মূল্যে প্রচুর উত্থান-পতন দেখা যায়। এই কারণে সুদের হারের ঝুঁকি অনেক কম থাকে... এমন কি থাকে না বললেই চলে। মিউচ্যুয়াল ফাণ্ডের অনেক কম অংশ ম্যাচিউরিটির পোর্ট ফোলিয়োর স্বল্পমেয়াদী ইন্‌কামের স্কীমের দৃশ্যে আসে। যদি আপনি ফিক্সড ইন্‌কাম ইন্সট্রুমেন্টের মাধ্যমে পোর্ট ফেলিয়োতে বিভিন্নতা চান... তাহলে আপনার পক্ষে অল্পমেয়াদী ইন্‌কাম প্ল্যান ভালো বিকল্প হবে।

●●

না জানা থাকলে মিউচ্যুয়াল ফাণ্ডে নিবেশ করুন

নিবেশকারী সরাসরি শেয়ারে টাকা নিবেশ করবেন, না মিউচ্যুয়াল ফাণ্ডের পথ গ্রহণ করবেন... সেটা চিন্তা করে দ্বিধাগ্রস্ত হয়ে পড়েন। এই দ্বিধার হাত থেকে মুক্তি পাওয়ার অত্যন্ত সহজ রাস্তা আছে... কিন্তু নতুন নিবেশকারীর এই দুটি পথের ব্যাপারেই জানা প্রয়োজন।

যদি নিবেশের ক্ষেত্রে দুটি বিষয়কে তুলনা করে দেখা যায়, তবে দেখতে পাওয়া যাবে যে, কম নিবেশের ক্ষেত্রে দুটি বিষয়ই প্রায় এক ঃ

01. মিউচ্যুয়াল ফাণ্ড কেনা-বেচা করলে কোন ব্রোকারেজ দিতে হয় না। একে এন্ট্রী / এক্জিট লোড এবং এ. এম. সি.-র সাথে যুক্ত করা হয়।
02. মিউচ্যুয়াল ফাণ্ড কেনার ওপরে কোন এস. টি. টি. প্রযোজ্য হয় না... কিন্তু বিক্রী করলে এটি দ্বিগুণ হয়ে যায়।
03. মিউচ্যুয়াল ফাণ্ডের 14.025 শতাংশ লাভাংশ বিতরণ করের থেকে মুক্ত হয়। কিন্তু এর লোভে ফেঁসে যাবেন না। পোর্ট ফোলিয়োতে যে শেয়ার আছে, তার থেকে যে লাভ পাওয়া যায়, সেটা মিউচ্যুয়াল ফাণ্ডের হাতে বিতরণের যোগ্য। মিউচ্যুয়াল ফাণ্ড থেকে যে লাভাংশ পাওয়া যায়, তাতে দ্বিগুণ বিতরণ কর দিতে হয়। এই ভাবে, এই দুই পথ থেকে যে লাভ হয়, তা প্রায় সমানই হয়।

এখন নিবেশকারী কি করবেন ঃ এর উত্তর খুবই সহজ। এটি উৎপাদন শুল্ক বা করের ব্যাপার নয়... বরং নিবেশকারীর সঙ্গে সম্পর্কিত হয়। বাজারে পাঁচ হাজারেরও বেশী শেয়ার আছে... যেগুলোর মধ্যে প্রায় অর্ধেকই সক্রিয় ব্যবসার সাথে যুক্ত। এই 2500 শেয়ারের মধ্যে যে কোন একটির সম্পর্কে যদি আপনার বিস্তারিত জ্ঞান থেকে থাকে, তবে আপনি অবশ্যই তাতে নিবেশ করুন।

উদাহরণ ঃ মনে করুন, আপনার বন্ধু ফার্মা কোম্পানীতে কাজ করেন। তাঁর ব্যবসা সম্পর্কে বেশ কিছু বছরের অভিজ্ঞতা আছে এবং

তিনি প্রতিটি কোম্পানীর উঁচু-নীচু সম্পর্কে ভালো করেই জানেন। তাঁর পোর্ট ফোলিয়োর প্রদর্শন অন্যান্য ফার্মা ফাণ্ডের থেকে অনেক ভালো। যদিও, তিনি অন্য কোন ব্যবসায় নিবেশ করতে হলে মিউচ্যুয়াল ফাণ্ডের রাস্তাই বেছে নেবেন।

এই ভাবে অটো, সিমেন্ট, ইঞ্জিনিয়ারিং – এমন কি আই. টি. নিবেশের ক্ষেত্রেও আপনি নিজের আভ্যন্তরীণ জ্ঞানের ব্যবহার করতে পারেন। আপনার জ্ঞানের অর্থ ইনসাইড ইনফোর্মেশন নয়... বরং ব্যবসা সম্পর্কে অপানার বিশেষ জ্ঞানের কথা বলা হচ্ছে।

যদি আপনার ভেতরে আত্মবিশ্বাসের অভাব থেকে থাকে, তবে ফাণ্ড ম্যানেজারের সাহায্য নিন... কারণ তিনি নিজের ক্ষেত্রে বিশেষজ্ঞ হন। ফাণ্ড ম্যানেজারের কাজ হচেছ অন্যান্য ব্যবসা বোঝা এবং আপনার তাঁর বিশেষ জ্ঞানের সুবিধা গ্রহণ করা উচিত।

যখন বিষয়টি শেয়ার বাজারের সাথে যুক্ত... তখন আপনার নিজেকে ছাড়া আর কাউকে বিশ্বাস করা উচিত হবে না। কোনও টিপস্ বা অনুমানের ভিত্তিতে অর্থ নিবেশ করবেন না। নিজের চিকিৎসা নিজে করুন।

●●

শেয়ারে নিবেশ এবং পুঁজিও সুরক্ষিত

সকলেই এটা জানেন যে, শেয়ারে নিবেশের অর্থ হচ্ছে জেনে-বুঝে ঝুঁকি গ্রহণ করা। যদিও এক-একজন নিবেশকারীর ঝুঁকি সহ্য করার ক্ষমতাও এক-এক রকম হয়। এমন কিছু লোক আছেন, যাঁরা নিজেদের সমস্ত সম্পত্তি শেয়ারে লাগিয়ে দেন। আবার এমন কিছু লোকও আছেন, যাঁরা নিজেদের পুঁজির একটা টাকাও হারাতে ভয় পান। যদি পুঁজি হারানোর ভয় না থাকে, তবে শেয়ারে নিবেশ করলে কেমন হয় ? বেশীর ভাগ লোক ভাববেন যে, এমনটা সম্ভব নয়। কিন্তু এমন অনেক স্কীম আছে, যাতে সামান্যতম ঝুঁকি থাকে না এবং অর্থ হারাবার ভয়ও থাকে না। আসুন দেখি, সেগুলো কি ধরণের স্কীম।

আপনাকে শুধমাত্র পোস্ট অফিসের মান্থলি ইন্‌কাম স্কীমে ছয় লক্ষ টাকা রাখতে হবে। এই স্কীমের অন্তর্গত 6 শতাংশ হারে সুদ পাওয়া যায়। এর অর্থ হল আপনি সুদস্বরূপ বছরে 48 হাজার টাকা পাবেন। যেহেতু এটা হচ্ছে মান্থলি ইন্‌কাম স্কীম, তাই মাসিক 4000 টাকা সুদ পাওয়া যায়। কিন্তু এই উপার্জনের জন্য আপনাকে কর দিতে হবে। মনে করুন যে, আপনি 30 শতাংশ কর ছাড়ের আওতায় আসেন সুতরাং করে ছাড় পাওয়ার পর আপনার হাতে 28,000 টাকা আসবে। পোস্ট অফিস মান্থলি ইন্‌কাম স্কীম *(পি.ও.এম.আই.এস.)* ছয় বছরের জন্য হয়, এন্য অপানাকে প্রতি মাসে 2800 টাকা নিবেশ করতে হবে। ছয় বছর পর আপনাকে মিউচ্যুয়াল ফাণ্ডে নিবেশের বাজার মূল্য এবং স্কীমে নিবেশ করার জন্য ছয় লক্ষ টাকা দেওয়া হবে।

আসুন... দেখা যাক যে, এই রণনীতি কি ভাবে কাজ করে। মনে করুন যে, আপনি 2000 সালের সেপ্টেম্বর মাসে পি.ও.এম.আই.এস.-য়ের খাতা খুলেছেন। আপনি এর থেকে মাসে যে সুদ পাচ্ছেন, সেই টাকাটি আপনি ফ্র্যাঙ্কলিন টেম্পলটন প্রাইমা ফাণ্ডে এস.আই.পি.-তে নিবেশ করছেন। মিউচ্যুয়াল ফাণ্ডে নিবেশ করলে ছয় বছরের শেষে আপনি 9.45 লক্ষ টাকা পাবেন। এই সাথে আপনি পি.ও.এম.আই.এস.-তে যে ছয় লক্ষ টাকা রেখেছেন, তাও পাচ্ছেন। এই ভাবে আপনার হাতে

15 লাখ টাকা আসবে এবং এই টাকার জন্য আপনাকে কোন ঝুঁকি নিতে হবে না বা করও দিতে হবে না।

মিউচ্যুয়াল ফাণ্ডে সর্বদাই দীর্ঘমেয়াদী নিবেশ করাই শ্রেয়। ওপরের উদাহরণ থেকে আমরা দেখতে পেলাম যে, কি ভাবে এস.আই.পি.-তে প্রতি মাসে 2800 টাকা রাখলে ছয় বছরে সেটা 9.45 লক্ষ টাকায় পরিবর্তিত হয়। কিন্তু এর জন্য নিবেশকারীকে ছয় বছর ধরে নিবেশ করেই যেতে হবে।

এমন অনেক লোক আছেন, যাঁরা ছয় বছর আগে মিউচ্যুয়াল ফাণ্ডে নিবেশ করেছিলেন। কিন্তু সব চেয়ে গুরুত্বপূর্ণ বিষয় হল, কত লোক এখনও পর্যন্ত মিউচ্যুয়াল ফাণ্ডে টাকা দিয়ে যাচেছন। এই প্রশ্নের উত্তর সম্ভবত নেতিবাচক হবে। এর কারণ হল, লোকেরা মিউচ্যুয়াল ফাণ্ডের আশেপাশের ঘটনার পরিপ্রেক্ষিতে নিবেশ এবং বিনিবেশ করেন। অন্য ভাবে বলা যায়, আমাদের নিবেশ সারা বিশ্বে ঘটে চলা বিভিন্ন ঘটনা দ্বারা প্রভাবিত হয়। আমেরিকান ফেডারেল রিজার্ভ সুদের হার বৃদ্ধি করবে না কমাবে... তেলের দাম বাড়বে না কমবে... কমোডিটির দাম বাড়বে না কমবে... এফ.আই.আই.-এর গতি কি হবে... এই সমস্ত বিষয় আগেও গুরুত্ব রাখত, এখনও গুরুত্ব রাখে এবং ভবিষ্যতেও গুরুত্ব রাখবে। এটাই হচেছ সংসারের নিয়ম। আপনি এই সমস্ত বিষয়ের প্রতি কেমন প্রতিক্রিয়া ব্যক্ত করেন, তার ওপরেই আপনার ব্যক্তিগত নেটওয়ার্ক নির্ভর করবে।

●●

ওঠা-নামায় ঘাবড়াবেন না, দীর্ঘমেয়াদী নিবেশ করুন

এটা হচ্ছে মোঘল বাদশাহ আকবরের সময়কার এক কাহিনী। একবার তিনি তাঁর মহামন্ত্রীকে ডেকে পাঠিয়ে এমন কিছু জিনিষ আনতে বলেছিলেন, যেসব জিনিষ তাঁর মুডকে তাৎক্ষনিক রূপে বদলে দিতে পারবে। যদি তাঁর মুড ভালো থাকে, তবে সেটা সঙ্গে-সঙ্গে খারাপ হয়ে পড়বে... আর মুড যদি খারাপ থাকে, তবে সেটা সঙ্গে-সঙ্গে ভালো হয়ে উঠবে। মহামন্ত্রীকে এক সপ্তাহের মধ্যে এই কাজ করার হুকুম দেওয়া হয়েছিল, না পারলে বিপদ অনিবার্য। মন্ত্রীর অবস্থা অত্যন্ত করুণ হয়ে উঠল। এই কাজ সম্পন্ন করার জন্য তিনি কোন রাস্তাই খুঁজে পাচ্ছিলেন না এবং এক সপ্তাহের মধ্যে এমনটা করা তাঁর অসম্ভব বলে মনে হয়েছিল। তিনি ছুটতে-ছুটতে বীরবলের কাছে উপস্থিত হলেন। মহামন্ত্রীর কথা শুনে বীরবল হেসে উঠলেন এবং তাকে ধৈর্য্য ধরতে বললেন। ওনার কাছে এই কাজের জন্য এক সপ্তাহ সময় ছিল।

দিন কাটতে লাগল এবং সপ্তাহও ফুরিয়ে আসতে লাগল। যখনই মহামন্ত্রী বীরবলের কাছে আসতেন, বীরবল ওনাকে ধৈর্য্য ধরতে বলতেন। শেষ পর্যন্ত সাত দিন শেষ হয়ে গেল এবং মহামন্ত্রীরও আকবরের সামনে পেশ হওয়ার দিন এসে গেল। এই দিনগুলি মহামন্ত্রীর না ঘুমিয়েই কেটে যাচ্ছিল এবং তিনি এটাকে নিজের দুর্ভাগ্য বলেই মেনে নিয়েছিলেন। তিনি বা বীরবল – কেউই এই সমস্যার কোন সমাধানের পথ খুঁজে পাচ্ছিলেন না। বাদশাহ আকবরের রাগ সম্পর্কে সকলেই ওয়াকিবহাল ছিলেন এবং মহামন্ত্রীর পক্ষে এর থেকে নিস্তার পাওয়ার কোন পথ ছিল না। যেদিন মহামন্ত্রীর বাদশাহের দরবারে উপস্থিত হওয়ার কথা ছিল, সেদিন দরবারে প্রচণ্ড নীরবতা ছেয়ে ছিল। অন্যান্য মন্ত্রীরা মহামন্ত্রীর প্রতি সহানুভূতি প্রকাশ করছিলেন... কিন্তু তাঁরাও এই বিষয়ে তাঁকে কোন প্রকার সাহায্য করতে অক্ষম ছিলেন। বাদশাহ মহামন্ত্রীকে ডেকে পাঠিয়েছিলেন। মহামন্ত্রী ভয়ে-ভয়ে বাদশাহের দিকে এগিয়ে এলেন। মহামন্ত্রী বীরবলের পাশ দিয়ে যাওয়ার সময় বীরবল তাঁর হাতে একটা ছোট কাগজের টুকরো গুঁজে দিয়ে ওনার কানে

ফিস্‌ফিস করে বললেন – *'এটা বাদশাহকে দেখাবেন।'* সেই কাগজের টুকরোতে কি লেখা ছিল, তা মহামন্ত্রী জানতেন না এবং তাঁর কাছে পড়ার মতন সময়ও ছিল না। তিনি কাগজের টুকরোটি বাদশাহের হাতে দিয়ে নিজের শাস্তির জন্য অপেক্ষা করতে থাকেন। কাগজটি পড়ার পর বাদশাহের মুখটা খুশীতে ভরে উঠল এবং তাঁর মুখে গভীর হাসির রেখা দেখা গেল। তিনি মহামন্ত্রীকে অভিনন্দন জ্ঞাপন করলেন এবং প্রচুর পুরস্কার প্রদান করলেন।

যে চিরকুটটি মহামন্ত্রী বীরবলের কাছ থেকে পেয়েছিলেন, তাতে কি লেখা ছিল! এটা নিশ্চয়ই আপনাদের জানতে ইচ্ছা করছে। সেই চিরকুটে লেখা ছিল ঃ এই সময়ও কেটে যাবে। অন্য ভাবে বলা যায়, এই মুহূর্তে আপনি কেমন পরিস্থিতির মোকাবিলা করছেন... আপনি খুশীতে আছেন না দুঃখে – সেগুলি ক্ষনিক, অস্থায়ী। যেমন ভাবে দিনের পর রাত আসে এবং রাতের পর দিন... ঠিক সেই ভাবে সময়ও কেটে যায়। এটাই হচ্ছে মানুষের জীবনের চরমতম সত্য। কিন্তু যখন নিবেশের ব্যাপার আসে, তখন মানুষ সেই সত্যকে কি ভাবে ভুলে যায়? সাধারণতঃ নিবেশকরা বাজারের পরিস্থিতি দেখে সিদ্ধান্ত নিতে পারে না। বাস্তবে বাজার থেকে পয়সা রোজগার করা খুবই সহজ – কম দামে কেনো এবং বেশী দামে বিক্রী করে দাও। যদিও এটা বলা যতটা সহজ... কাজে করে দেখানো ততটা সহজ হয় না। কারণ এটা মানুষের জন্মগত প্রকৃতির বিরুদ্ধে যায়। যখন পরিস্থিতি অনকূলে থাকে এবং শেয়ার বাজারের সূচকাঙ্ক দিনে দ্বিগুণ আর রাতে চারগুণ বৃদ্ধি পায়... তখন লোকেদের মনে আনন্দের প্লাবন দেখা দেয় এবং তারা শেয়ার কিনে নেয়।

এই প্রকার, নিবেশের প্রথম শর্তের উল্লঙ্ঘন হয় এবং শেষ পর্যন্ত সেটাই হয়, যেমনটা ঘটার আশংকা থাকে। বাজারের দ্রুতগতি শ্লথ হয়ে পড়তে থাকে। নিবেশকারীরা ঘাবড়ে উঠে দ্রুত শেয়ার বিক্রী করতে শুরু করে দেন। এই ভাবে দ্বিতীয় শর্তও উল্লঙ্ঘিত হয়। ফলে হয় কি, ভয় পেয়ে বেশী টাকায় কেনা শেয়ারও কম টাকায় বিক্রী করতে হয়। এই চক্র ততক্ষন পর্যন্ত চলে, যতক্ষন না সচেতন ভাবে এই পরিস্থিতির হাত থেকে বাঁচার চেস্টা করা হচেছ এবং এমনটা তখনই সম্ভব হয়, যখন নিবেশকারীর মধ্যে কম দামে কিনে বেশী দামে বিক্রী করার সাহস, চালাকি এবং ভরসা থাকে।

নিবেশ, তা ডেটেই করা হোক্‌ বা ইক্যুইটিতে, সেটা দীর্ঘমেয়াদের জন্য করা উচিত। তখনই এর মধ্যে চক্রবৃদ্ধির লাভ পাওয়া যায়। বার-বার কেনা-বেচা করতে থাকলে নিবেশের পথে ছেদ পড়ে যায়।

●●

ডিভিডেন্ট থেকে লাভাংশ স্হির করার স্বাধীনতা

নিবেশকারীদের মিউচ্যুয়াল ফাণ্ডের ইউনিট কেনার আগে এটা ঠিক করে নেওয়া উচিত যে, ওনাদের পক্ষে ঠিক্ কোন বিকল্প সঠিক হবে। মিউচ্যুয়াল ফাণ্ড বেছে নেওয়াকে নিবেশকারীরা যথেস্ট গুরুত্ব দেন এবং এর জন্য অনেকটা সময় খরচও করেন। কিন্তু ফাণ্ডের নির্ণয় করার পর বিকল্প পথের ব্যাপারে তাঁরা মাথা ঘামান না।

কিছু-কিছু নিবেশকারী নিয়মিত লাভাংশ পেতে পছন্দ করেন, আবার অনেকে নিয়মিত নিবেশ করতে পছন্দ করেন। এই কারণে কেউ-কেউ ডিভিডেন্ট রিইনভেস্টমেন্ট বা গ্রোথ বিকল্পকে গ্রহণ করেন, আবার অনেকে এই কাজটি এজেন্ট বা ডিস্ট্রিবিউটারের হাতে তুলে দেন। কিন্তু ভালো নিবেশের জন্য সঠিক পথ নির্বাচন করাটা ঠিক ততটা গুরুত্বপূর্ণ হয়, যতটা গুরুত্বপূর্ণ মিউচ্যুয়াল ফাণ্ডের নির্বাচন। সঠিক বিকল্প বেছে নেওয়ার জন্য নিবেশকারীদের বিভিন্ন প্রকারের চ্যালেঞ্জের মোকাবিলা করতে হতে পারে।

ব্যাকগ্রাউণ্ড ঃ নিবেশ বিকল্প নির্বাচনে নিবেশকারীদের দুটি গুরুত্বপূর্ণ বিষয়ের ওপরে বিচার করতে হবে ঃ (1) রাজস্ব নীতি (2) নিবেশ আবশ্যকতা এবং লক্ষ্য।

ডিভিডেন্ট বিকল্পের লাভ-লোকসান ঃ এর জন্য আপনাকে কর দিতে হয় না, এটাই এর সব থেকে বড় লাভ। যদিও, সমস্ত রকম মিউচ্যুয়াল ফাণ্ডই ডিভিডেন্ট কর মুক্ত হয়... কিন্তু অ-শেয়ার ভিত্তিক মিউচ্যুয়াল ফাণ্ড স্কীমের ওপরে 14.025 শতাংশ বিতরণ কর পইযোজ্য হয়। এর অর্থ হল, লাভাংশ তো করমুক্ত হবে... কিন্তু নিবেশকারীদের 14.025 শতাংশ হ্রাস করে দেওয়া হবে। এই পেমেন্ট মিউচ্যুয়াল ফাণ্ডই করে, কিন্তু সেটা নিবেশকারীদের পকেট থেকেই যায়। শেয়ার ভিত্তিক মিউচ্যুয়াল ফাণ্ড স্কীমগুলির ওপর যে লাভাংশ পাওয়া যায়, তার ওপরে বিতরণ কর প্রযোজ্য হয় না। এই প্রকার, এটি সঠিক অর্থে

করমুক্ত হয়। তাহলে সমস্ত নিবেশকারীদের এই পথই গ্রহণ করা উচিত কি ?

উত্তর দিতে তাড়াহুড়ো করবেন না। বিষয়টির গুরুত্ব বোঝার জন্য একটা উদাহরণ নেওয়া যাক। 1993 সালের নভেম্বর মাসে ফ্র্যাঙ্কলিন টেম্পলটন ইণ্ডিয়া প্রাইম বাজারে এসেছিল। 2006 সালের 19-শে জুন এর গ্রোথ বিকল্পের এন.এ.বি. 153.86 টাকা ছিল আর ডিভিডেন্ট বিকল্প ছিল 48.99 টাকা... প্রায় 68 শতাংশ কম। এমনটি কেন হয়েছিল ? নিবেশকদের দ্বারা প্রাপ্ত লাভাংশের জন্যই এই পার্থক্য ! মিউচ্যুয়াল ফাণ্ড থেকে প্রাপ্ত ডিভিডেন্ট, স্টাফ ডিভিডেন্টের ঠিক উল্টো, আপনার নিজের টাকা হয়। এই কারণে, যদি নিবেশক গ্রোথ বিকল্প গ্রহণ করতেন, তবে এন.এ.বি. 158.86 টাকা হত। কিন্তু ডিভিডেন্ট বিকল্প গ্রহণ করার কারণে নিয়মিত ভাবে এই লাভাংশ পাওয়া গেছিল এবং ইউনিটের বাজার মূল্য 48.99 টাকা ছিল। দয়া করে লক্ষ্য করুন যে, স্কীমের প্রদর্শন গ্রোথ বিকল্পের এন.এ.বি দ্বারাই নিরূপন করা হয়। কিন্তু টেক্‌নিকের দিক থেকে কোন্ এন.এ.বি নেওয়া হয়েছে, তাতে কিছু যায়-আসে না। কারণ, নিবেশকারীরা লাভাংশ হিসাবে যে টাকা পান, ইন্টার্নাল রেট অফ্ রিটার্ন (I.R.R)-য়ের ওপরে স্কীমে পুনরায় নিবেশ বলে ধরে নেওয়া হয়। হিসেব-নিকেশের দিকে না গিয়ে সোজা কথায় বোঝার চেস্টা করুন, প্রাইমা এন.এ.বি. ভিত্তিক প্রদর্শন হচ্ছে 153.686 টাকা, 48.99 টাকা নয়। এই পর্যন্ত সবই ঠিক ছিল। যতক্ষন আপনি ডিভিডেন্ট চাইছেন, ততক্ষন কোন সমস্যাই নেই।

কিন্তু, প্রশ্ন হল লাভাংশের কি হবে ? এর নিবেশ এই স্কীমেই করা হবে, না কি অন্য কোন স্কীমে। যদি এই স্কীমেই করা হয়, তবে টাকা সেই সম্পত্তির বর্গ-ইকুইটিতে নিবেশ হয়ে পড়ে। এতে নিবেশকারীকে নতুন নিবেশের জন্য এন্ট্রি লোড দিতে হবে... যাতে ফাণ্ডের অতিরিক্ত আয় হবে। এজেন্ট বা ডিস্ট্রিবিউটাররা এক্সট্রা কমিশন পাবে। এমনটাও হতে পারে যে, নিবেশকারীরা এটা ভুলে যাবেন যে, স্কীম থেকে প্রাপ্ত লাভাংশ ব্যাঙ্কে জমা পড়ছে। নিবেশকারী এই বিষয়ে ওয়াকিবহাল থাকলেও বাজারে প্রচুর আলোড়নের সৃষ্টি হয়, যেটা নিবেশের ফয়সালাকে এড়িয়ে যাচ্ছে। টাকা ব্যাঙ্কেই পড়ে থাকে। ব্যাঙ্কের সেভিংস এ্যাকাউন্টে যে টাকা পড়ে থাকা রিটার্ণ খুবই কম পাওয়া যায়। কারণটা একেবারে পরিস্কার। প্রাইমায় নিবেশ করা অর্থ আই.আর.আর.-তে বৃদ্ধি পায়। এখনও পর্যন্ত 26 শতাংশ আই.আর.আর ছিল। অন্য দিকে, ব্যাঙ্কের সেভিংস এ্যাকাউন্টে যে টাকা ছিল, সেটা মাত্র 3.5 শতাংশ হারে বৃদ্ধি

পাচিছল। ভবিষ্যতে, এই দুই দরের মধ্যেকার পার্থক্য নেট্ রিটার্নকে কমিয়ে দেয়। টাকা যতদিন ব্যাঙ্কে থাকবে, রিটার্ন ততই কম পাওয়া যাবে।

ডিভিডেন্ট বিকল্প বেছে নেওয়ার অন্য কারণ ঃ নিবেশকারী ডিভিডেন্ট বিকল্প নির্বাচন করার জন্য বিভিন্ন ধরণের যুক্তি দেখান। প্রথমতঃ, দৈনন্দিন জীবনে টাকা-পয়সার প্রয়োজন পড়ে... দ্বিতীয়তঃ, দ্রুত গতিতে লাভাংশ পাওয়া লাভেরই সমান হয়। নিবেশে সন্তুলন বজায় রাখার জন্য লাভাংশের অর্থকে ফিক্সড ইন্‌কাম ইন্সট্রুমেন্ট বা ফিক্সড ম্যাচিউরিটি প্ল্যানে নিবেশ করা যেতে পারে। এই যুক্তিকে চ্যালেঞ্জ জানানো সম্ভব নয়... কিন্তু এতে একটা ছোট সমস্যা আছে। ফিক্সড ইন্‌কাম ইন্সট্রুমেন্ট *(পি.পি.এফ., আর.বি.আই.বণ্ড প্রভৃতি)*-য়ের ঠিক বিপরীত, যাতে অর্থ এবং মেয়াদের ভিত্তিতে সুদ ঠিক করা হয়... মিউচ্যুয়াল ফাণ্ড নিজের মতন করে লাভাংশ তৈরী করে। ফাণ্ড ম্যানেজারকে বাদ দিয়ে আর কেউ জানে না যে, কে কখন কত লাভাংশ পাবে। এমনও হতে পারে যে, সেটা নিবেশকারীর প্রয়োজনের তুলনায় বেশী বা কম অর্থ দেবে।

এখন নিবেশকারী কি করবেন ? এই সমস্যার সমাধান সহজেই করা যেতে পারে। নিবেশকারীর লাভাংশ চাওয়া উচিত। মিউচ্যুয়াল ফাণ্ড নিবেশকারীকে যে পয়সা দেয়, সেটাই হচেছ লাভাংশ। যখন নিবেশকারী নিজেই টাকা বার করেন, তখন সেটাকে পুঁজিগত লাভ বলা হয়। আমরা এটা সবাই জানি যে, মিউচ্যুয়াল ফাণ্ডে নিবেশের এক বছর পরে টাকা বার করলে পুঁজিগত লাভ করমুক্ত হয়। এই কারণে বার্ষিক লাভাংশের জন্য মিউচ্যুয়াল ফাণ্ডের ভরসায় বসে থাকবেন না... যতটা প্রয়োজন, টাকা বার করে নেবেন। এই ভাবে নিবেশকারী মিউচ্যুয়াল ফাণ্ডের ইচছায় নয়, নিজের ইচছায় ভালো লাভাংশ পেতে পারেন। মিউচ্যুয়াল ফাণ্ড লাভাংশ দিক বা নিবেশকারী রিডাকশনের ফলে সেই অর্থ পান... নিবেশের মূল্য আগের মতই থাকবে।

●●

ডিভিডেন্ট রি-ইন্‌ভেস্টমেন্ট নিবেশের ক্ষেত্রে অনুশাসন নিয়ে আসে

মিউচ্যুয়াল ফাণ্ড নিবেশকারীদের সামনে তিনটি নিবেশ বিকল্প প্রদান করে – ডিভিডেন্ট, ডিভিডেন্ট রি-ইন্‌ভেস্টমেন্ট এবং গ্রোথ।

শুধুমাত্র করের ভিত্তিতেই ডিভিডেন্ট রি-ইন্‌ভেস্টমেন্টের পথ নির্বাচন করা উচিত। এর আর অন্য কোন ভিত্তি নেই। ডিভিডেন্ট রি-ইন্‌ভেস্টমেন্টে আলাদা করে এন.এ.পি. ঘোষণা করা হয় না। এমনিতে ডিভিডেন্ট এবং ডিভিডেন্ট রি-ইন্‌ভেস্টমেন্টের মধ্যে কোন পার্থক্য থাকে না। অন্য ভাবে বলা যেতে পারে, ডিভিডেন্টের এন.এ.পি ডিভিডেন্ট রি-ইন্‌ভেস্টমেন্ট বিকল্পের ওপর প্রযোজ্য হয়।

ডিভিডেন্ট রি-ইন্‌ভেস্টমেন্ট কি ভাবে কাজ করে? রি-ইন্‌ভেস্টমেন্ট বিকল্পের অন্তর্গত ডিভিডেন্ট নিবেশকারীর ব্যাঙ্কের খাতায় জমা পড়ার পরিবর্তে এই ফাণ্ডের ইউনিট কেনার কাজে ব্যয় করা হয়। লাভের অংশের ক্ষেত্রে নিবেশকারীকে এমনটা নিজেকেই করতে হয়। এই প্রকার রি-ইনভেস্টমেন্টের ক্ষেত্রে সময় বেঁচে যায় আর এটাই লাভ। এছাড়া এই ক্ষেত্রে এন্ট্রি লোডও লাগে না। লাভের অংশ পাওয়া এবং সেটা নিবেশ করার ব্যাপারে একটা সমস্যা আছে... বেশীর ভাগ সময় এই অর্থ নিবেশ না হয়ে ব্যাঙ্কেই পড়ে থাকে। যেমন-যেমন দিন অতিবাহিত হতে থাকে, তার সাথে-সাথে এর রিটার্ন কমতে থাকে। একটি মানসিক সমস্যাও আছে। বাজারে ওঠা-নামা দেখা দিলে নিবেশকারী নিবেশ করার চিন্তা ভুলে যান, ফলে রিটার্নের ক্ষেত্রে সেটার প্রভাব পড়ে। ডিভিডেন্ট রি-ইন্‌ভেস্টমেন্টে এক ধরণের অনুশাসন থাকে। এই কাজটি মিউচ্যুয়াল ফাণ্ড নিবেশকদের হয়ে করে... এজন্য সমীকরণের বিবেককে সরিয়ে দিন। তাহলে এই পথটিই সবাধিক লাভজনক পথ নয় কি? উত্তর দিতে তাড়াহুড়ো করবেন না।

ইক্যুইটি ভিত্তিক মিউচ্যুয়াল ফাণ্ডেই লাভাংশ বিতরণ করুন এবং দীর্ঘমেয়াদী পুঁজিগত লাভের ক্ষেত্রে কর না থাকার জন্য গ্রোথ এবং

ডিভিডেন্ট রি-ইন্‌ভেস্টমেন্ট বিকল্পের মধ্যে কোন পার্থক্য থাকে না। দুটোই নিবেশকারীর সম্পত্তির সমান বাজার মূল্য অর্জন করে। যদি সরকার পুনরায় লাভাংশ বিতরণ কর প্রয়োগ করে, তবে প্রতি বার লাভাংশ ঘোষিত হওয়ার পর 14.025 শতাংশ কম নিবেশ হবে *(এখন শুধুমাত্র অ-ইক্যুইটি ফাণ্ড নিবেশের ক্ষেত্রে লাভাংশ বিতরণের ওপর 14.025 শতাংশ বিতরণ কর দিতে হয়)*। নিবেশের মেয়াদ যদি দীর্ঘ হয়, তবে 14.025 শতাংশের পার্থক্য রিটার্নের ক্ষেত্রে গুরুতর বলে প্রমাণিত হবে। অন্য দিকে, দীর্ঘমেয়াদী পুঁজিগত লাভ করকে পুনরায় লাগু করা হলে সেটা ডিভিডেন্ট রি-ইন্‌ভেস্টমেন্ট গ্রোথ বিকল্পের ক্ষেত্রে গুরুতর বলে বিবেচিত হবে। লাভাংশ পুনর্নিবেশ করলে নিবেশকারীকে ইউনিট প্রাপ্ত করেন এবং যখন রিডাকশন হয়, তখন লাভাংশ ইউনিটের মূল্যের সমান হয়ে পড়ে। আসুন, একটি উদাহরণের মাধ্যমে বোঝার চেস্টা করা যাক। নিবেশ গ্রোথ বিকল্পতে করা হয়েছে।

2006 সালের 1-লা জানুয়ারী প্রথম নিবেশ করা হয়েছিল। 10 টাকা দরে 10,000 ইউনিট এক লাখ টাকায় কেনা হয়েছিল।

স্কীমের প্রদর্শন খুব ভালো ছিল এবং এক বছর পরে 2007 সালের 1-লা জানুয়ারী স্কীমের এন.এ.বি 13 টাকা হয়ে গেছিল।

তারিখ	বিতরণ	ইউনিট	এন.এ.বি.	মোট
1-লা জানুয়ারী, 2006	প্রথম নিবেশ	10,000	10	1,00,000
1-লা জানুয়ারী, 2007	বৃদ্ধি	10,000	13	1,30,000

ইউনিট বিক্রী করার পর নিবেশকারীর 30,000 টাকা পুঁজিগত লাভ হবে এবং 10 শতাংশ দরে 3000 টাকা কর হবে।

দেখা যাক, এই অঙ্কের ভিত্তিতে ডিভিডেন্ট রি-ইন্‌ভেস্টমেন্ট বিকল্প থেকে কতটা রিটার্ন পাওয়া যাবে ঃ

2007 সালের 1-লা জানুয়ারী ডিভিডেন্ট রি-ইন্‌ভেস্টমেন্ট এবং গ্রোথের বিকল্পতে কোন পার্থক্য নেই। মিউচ্যুয়াল ফাণ্ড 20 শতাংশ হারে প্রতি ইউনিট লাভাংশের ক্ষেত্রে 2 টাকা করে ঘোষণা করে। লাভাংশ পূর্ব এন.এ.বি. 11 = (13 - 2) টাকা হবে। নিবেশকারী লাভাংশ হিসাবে 20,000 টাকা পাবেন *(প্রতি ইউনিটের জন্য 2 টাকা হারে 10,000 ইউনিটের ক্ষেত্রে)*। এই 20,000 টাকা লাভাংশ পূর্ব এন.এ.বি.-র ওপর পুনরায় স্কীমে নিবেশ করা হল। এই প্রকার, ইউনিটের সংখ্যা 1818.182 *(1818.182 x 11 = 20,000)* হয়ে যায়।

তারিখ	বিতরণ	ইউনিট	এন.এ.বি.	মোট
1-লা জানুয়ারী, 2007	প্রথম নিবেশ	10,000	11	1,10,000
1-লা জানুয়ারী	রি-ইনভেস্টমেন্টের ওপরে ইউনিটের সংখ্যা	(1818.182)	11	20,000
				মোট 1,30,000

আসুন দেখি, এর জন্য পুঁজিগত লাভ কত হবে ? 11 টাকা হারে 11818.182 ইউনিটের মূল্য গ্রোথ বিকল্পের সমান 1,30,000 টাকা হবে... যদিও মূল্যে পার্থক্য রয়েছে। মূল ইউনিটের মূল্য এক লাখ টাকা। যদিও ডিভিডেন্ট রি-ইনভেস্টমেন্টের ওপর অতিরিক্ত ইউনিটের কর 20,000 টাকা হবে।

পুঁজিগত লাভ	ইউনিটের সংখ্যা	এন.এ.বি.	মোট অর্থ
বিক্রয় মূল্য (10,000 + 1818.182) x 11	11818.182	11	1,30,000
কমানো মূল্য			
শুরুতে ইউনিট 10,000	10,1,00,000		
রি-ইনভেস্টমেন্ট থেকে প্রাপ্ত ইউনিট	1818.182	11	20,000
মোট 1,20,000			
দীর্ঘমেয়াদী পুঁজিগত লাভ	10,000		
10 শতাংশ দরে কর	1,000		

1,000 টাকার পুঁজিগত লাভ কর গ্রোথ বিকল্পের 3,000 টাকার তুলনায় অনেক কম। সব মিলিয়ে, ডিভিডেন্ট রি-ইনভেস্টমেন্ট এবং গ্রোথের মধ্যে পার্থক্য শুধুমাত্র বর্তমান কর নীতির সাথে সম্পর্কিত। বিতরণ কর প্রযোজ্য হলে গ্রোথ বিকল্প উন্নত হবে এবং লাভাংশের ওপরে প্রযোজ্য হলে ডিভিডেন্ট রি-ইনভেস্টমেন্ট উন্নত হবে।

●●

লাভ চাইলে শুরুতে কেনা শেয়ার আগে বিক্রী করুন

সেনসেক্সের 13000 সংখ্যার দিকে এগোতে থাকা পদক্ষেপ সূর্যকে অনেকটাই সাহায্য করছিল। কারণ এবার সেটা পাঁচ মাস আগে করা ভুলের পুনরাবৃত্তি করার মুড তার ছিল না। 10 মে শেয়ার বাজার 12612 সংখ্যার রেকর্ড স্তরে ছিল। সূর্য মস্তিস্কের থেকে মনের ওপর বেশী ভরসা করেছিল, নিবেশ চালু রেখেছিল এবং আংশিক লাভ গ্রহণ করার চেষ্টা করেনি। বেশীর ভাগ বন্ধুদের মতন তাদেরও সেনসেক্স আরও উন্নত হবে, এমন ভরসা ছিল... কিন্তু এই রেকর্ড স্তরের পর যা কিছু ঘটেছিল, সেটা এখন ইতিহাস। বি.এস.ই. চোখের পলকে 30 শতাংশ নীচে নেমে এসেছিল, যার ব্যথা সূর্য এখনও পর্যন্ত অনুভব করছে। সূর্য কম টাকায় কিনে বেশী টাকায় বিক্রী করতে চেয়েছিল... কিন্তু গত বছরের মে মাসে সে এই ব্যাপারটার প্রতি দৃষ্টি দিতে পারেনি।

আগে নিবেশকারীরা শেয়ার বিক্রীর সময় এটা দেখতেন যে, কোন্ শেয়ার দীর্ঘমেয়াদী সম্পত্তির মধ্যে পড়ে এবং কোন্ শেয়ার অল্পমেয়াদী। শেয়ারের ক্রয়মূল্যের কর পরিকল্পনার ক্ষেত্রেও ভূমিকা থাকত। উদাহরণস্বরূপ, বোনাস শেয়ারগুলিকে অত্যধিক ক্ষতি হওয়া শেয়ারগুলির সাথে বিক্রী করা যেতে পারে। এর জন্য কোন খরচ হয় না, এই কারণে এতে লাভ বাড়ে এবং করের ক্ষেত্রেও কম হয়। যদিও সূর্যের সি.এ. বলেছিল যে, বর্তমান ডিম্যাট ব্যবস্থায় কর বাঁচানোর এই প্রক্রিয়ায় আগের মতন সুবিধা নেই।

আয়কর নিয়মের 45 (2-এ) ধারা অনুসারে, শুরুতে কেনা শেয়ারগুলিকে আগে বিক্রী করতে হয়। অন্য ভাবে বলা যায়, করযোগ্য পুঁজিগত লাভের গণনায় ক্রয় মূল্য এবং ধারণ মেয়াদ ফীকোর ভিত্তিতে তৈরী হয়। এর অর্থ হল, কোন্ শেয়ার আগে বিক্রী করা হবে... সেই ব্যাপারে নিবেশকারীদের কোন অধিকার থাকবে না। যে শেয়ার আগে ডিম্যাট ফর্মে বদলানো হবে, সেটিই আগে বিক্রীত বলে মনে করা হবে। এমনটাও হতে পারে যে, প্রথমে কেউ শেয়ার ডিম্যাট ফর্মে কিনেছে,

তারপর পুরোন কাগজের শেয়ারগুলিকে ডিম্যাট ফর্মে পরিবর্তিত করার জন্য জমা করে দিয়েছে। সূর্য 1992 সালে এল. এ্যাণ্ড টি.-র কিছু শেয়ার কিনেছিল... যেগুলিকে সে ডিম্যাট ফর্মে পরিবর্তিত করতে পারেনি। সে ইলেকট্রোনিক্স মাধ্যম দ্বারা এল. এ্যাণ্ড টি.-র আরও শেয়ার কিনেছিল। এমন পরিস্থিতিতে, *'ফীকো'* নিয়ম কি ভাবে বলবৎ হবে ? মনে করুন, সূর্য 175-টি শেয়ার বিক্রী করেছিল। *'ফীকো'* নিয়ম অনুসারে, 2004 সালের 12-ই মে যে শেয়ার কেনা হয়েছিল, তা আগে বিক্রয় হবে বলে মেনে নেওয়া হবে। বাকি 75-টি শেয়ার সেই লটের বিক্রীত বলে মনে করা হবে, যা এই তারিখের পরে ডিম্যাট ফর্মে পরিবর্তিত করা হয়েছিল *(1992 সালে কেনা শেয়ার)*। এখন এই বিন্দুগুলির দিকে নজর দিন। শেয়ারের ডিম্যাট পরিবর্তিত করা তারিখের সাথে করদাতার কোন লেন-দেন থাকে না। যদিও, প্রথম লটেই শেয়ার 2-রা মের ডিম্যাট ফর্মে বদলে যায়... কিন্তু এর কেনার দিন 2004 সালের 30-শে এপ্রিলই গণ্য করা হবে।

এই কনসেপ্ট পরবর্তী এন্ট্রির জন্যও গুরুত্বপূর্ণ বলে বিবেচিত হবে। ডিম্যাট স্টেটমেন্টের পরবর্তী এন্ট্রিতে এই বছর 5-ই জুনের শেয়ারগুলিকে ডিম্যাট ফর্মে পরিবর্তন রেকর্ড করা হয়েছিল। এতে এটি অল্পমেয়াদী সম্পত্তিতে পরিবর্তিত হবে কি ? না, শেয়ার কেনার তারিখ 1992 সালের মার্চ মাসই থেকে যাবে, ডিম্যাট ফর্মে পরিবর্তিত করার জন্য তা যখনই জমা করা হোক্ না কেন। এখানে লক্ষ্য করার মত আরেকটি বিষয় হল, প্রথম দুটি এন্ট্রি অনুসারে শেয়ারগুলির ক্রয় ক্রমশঃ 2004 এবং 1992 সালে হয়েছিল... এই কারণে এই দুটি লট দীর্ঘকালীন সম্পর্তিতে পরিণত হয়। দীর্ঘকালীন সম্পত্তি করমুক্ত হয়, এই কারণে এর থেকে কোন ক্ষতিপূরণ সম্ভব নয়। ভালো হত, যদি সূর্য 2006 সালের 23-শে জুলাই শেয়ার বিক্রী করে দিত *(এটি ডিম্যাট ফর্মে তৃতীয় এন্ট্রি ছিল)*। এর থেকে তার অল্পমেয়াদী পুঁজিগত লাভ হত... যেটার ব্যবহার যে কোন লোকসানের ক্ষতিপূরণ হিসেবে করা যেত।

●●

নিয়মিত নিবেশ আশ্চর্য্যজনক পরিণাম প্রদান করে

কখনো-কখনো সঞ্চয়ী নিবেশের শক্তিকে কম বলে মনে করা হয়। কিন্তু এটা এতটাই শক্তিমান হয় যে, মহান বিজ্ঞানী এ্যালবার্ট আইনস্টাইন একে পৃথিবীর অষ্টম আশ্চর্যের স্থান দিয়েছিলেন।

উদাহরণস্বরূপ, ফ্র্যাঙ্কলিন টেম্পলটন প্রাইমা ফাণ্ডের নাম করা যায়। 2000 সালের সেপ্টেম্বর মাসে এতে 2800 টাকা জমা করা হয়েছিল। সেই সময় স্কীমের এন.এ.বি. ছিল 22.90 টাকা। নিবেশক স্কীমের 122.27 ইউনিট কিনেছিলেন। পরের মাসেই এন.এ.বি. কমে 21.14 টাকায় এসে গেছিল। নিবেশকারী পুনরায় 2800 টাকায় 132.45 ইউনিট কিনেছিল। নভেম্ভর মাসে এন.এ.বি. 19.36 টাকায় এসে গেল... যার ওপরে 144.63 ইউনিট কেনা হয়েছিল। পরেও পরিস্থিতি প্রায়ই এই রকমই ছিল।

এস.আই.পি. প্রায় ছয় বছর ধরে চলেছিল এবং নিবেশকারীদের মোট নিবেশ 5368.91 ইউনিট হয়ে পড়েছিল। 2006 সালের সেপ্টেম্বর মাসে স্কীমের এন.এ.বি. 176.04 টাকা ছিল। ইউনিটের এন.এ.বি.-র ওপরে রিটার্নের হিসাব লাগানো হলে সেটি 9.45 লাখ টাকা হয়ে যায়। দয়া করে লক্ষ্য করুন যে, এই পরিসংখ্যান মনগড়া নয়, সত্য ঘটনা এবং এটা কোন অনুমানভিত্তিক কথাও নয়। এমনটাও নয় যে, শুধুমাত্র প্রাইমাই এত ভালো রিটার্ন দিয়েছিল। রিলায়েন্স গ্রোথ ফাণ্ডে যদি এত টাকা নিবেশ করা হত, তবে 11 লাখ টাকা এবং রিলায়েন্স ভিশন 9.83 লাট টাকা রিটার্ন দিত।

সঠিক সময় পর্যন্ত সঠিক বিকল্পে করা নিয়মিত নিবেশ আশ্চর্যজনক পরিণাম দিতে পারে। আগামী ছয় বছরে কত রিটার্ন পাওয়া যাবে... সে সম্পর্কে এখনই সঠিক ভাবে কিছু বলা সম্ভব নয়। সেই সময় পরিস্থিতি এমনও হয়ে পড়তে পারে, যে নয় লক্ষ টাকাও কম বলে মনে হতে পারে বা নাও হতে পারে। হ্যারী ট্রুম্যান বলেছিলেন –

"ইতিহাসে শুধুমাত্র সেটাই নতুন, যার সম্পর্কে আমরা জানি না।"

সফল নিবেশের তিনটি সিদ্ধান্ত হল ঃ

01. যখন হোক্ এবং যতটা সম্ভব, নিয়মিত নিবেশ করুন।

02. সঠিক নিবেশ বিকল্প বেছে নিন।

03. নিবেশ চালিয়ে যান।

কেনা-বেচার ব্যাপারে তাড়াহুড়ো করবেন না। এতে আপনার নিবেশের পথে বাধা আসতে পারে। গন্তব্যে নয়, যাত্রাতেই বেশী রোমাঞ্চ থাকে। প্রথম এবং তৃতীয় সিদ্ধান্তটি অনুশাসন এবং দৃঢ় বিশ্বাসের সাথে সম্পর্কিত। এই কারণে সমস্ত কিছুই আপনার ওপর নির্ভরশীল। কিন্তু দ্বিতীয়? কোন্ নিবেশ বিকল্পকে বেছে নেওয়া উচিত? এই প্রশ্নটাকে অন্য ভাবেও করা যেতে পারে – নিবেশের দুনিয়ার *'প্রাইমা'* এবং *'ভিশন'*-কে কি ভাবে চেনা যাবে? এর জন্য নিবেশের ইতিহাসের দিকে নজর দিন এবং রনরদ্দস্ট সময়ে সেটার প্রদর্শন দেখুন। যে কোন নিবেশ বিকল্পের তিন বা ছয় মাসের প্রদর্শন দ্বারা প্রভাবিত হবেন না। সময়ের পরীক্ষাতেই এটিকে সঠিক ভাবে চেনা যাবে।

●●

বায়ব্যাকে শেয়ার বিক্রী করা ব্যক্তিদের কর দিতে হবে

বেশীর ভাগ ক্ষেত্রে নিবেশকারী পুঁজিগত লাভের জন্যই শেয়ারে টাকা খাটান। ইক্যুইটিতে নিবেশের অতিরিক্ত ঝুঁকি নেওয়ার বড় কারণ হল এর মূল্যে এবং বিকল্পের মোকাবিলায় অনেক বেশী বৃদ্ধি। এতে বোনাস, স্টক বিভাজন এব শেয়ার বায়ব্যাকের মত লাভও পাওয়া যায়।

বোনাস শেয়ার

বোনাস শেয়ার আর কিছুই নয়, কোম্পানীর দ্বারা শেয়ার ধারকদের বিনামূল্যে দেওয়া কিছু শেয়ার হয়। এটি শেয়ার কোম্পানীর রিজার্ভের কিছু অংশকে বাজার পুঁজিকরণে পরিবর্তন করার ফলে উৎপন্ন হয়। বোনাস ইস্যু জারী হওয়ার পর কোম্পানীর শেয়ার সংখ্যা বৃদ্ধি পায়... কিন্তু কোম্পানীতে শেয়ারধারকের আনুপাতিক অংশীদারী আগের মতই থেকে যায়। একই সাথে বোনাসের পরে শেয়ারগুলির *'বোনাসহীণ মূল্য'* বোনাস ইস্যুর অনুপাতে কমে যায়। এই প্রকার, শেয়ারধারকের সম্পত্তি একই থেকে যায়। যদিও, বেশীর ভাগ ক্ষেত্রে বোনাসকে কোম্পানীর দিক থেকে দৃঢ় সংকেত বলে মনে করা হয়। এর পর শেয়ারে চাহিদা বৃদ্ধি পেলে এর দামও বৃদ্ধি পায়।

ট্যাক্সের প্রশ্নে, বোনাস শেয়ারের জন্য কোনও মূল্য দিতে হয় না। এই কারণে খরচ এবং পুঁজিগত লাভ শূণ্য হয়। প্রথমে যত টাকায় কেনা হয়েছিল, সেটাকেই শেয়ারের মূল মূল্য বলে ধরে নেওয়া হয়। এর ফলে এই লাভ হয় যে, বোনাস শেয়ার জারী হওয়ার ফলে শেয়ারের মূল মূল্য কমে যাবে এবং শেয়ারধারক মূল শেয়ারের ওপর সাংকেতিক হ্রাসের দাবীর অধিকারী হয়ে উঠবেন।

শেয়ার বিভাজন

শেয়ার বিভাজন হচ্ছে ভারতীয় শেয়ার বাজারে হওয়া এক নতুন সংযোজন। নিবেশকারীদের এটা বোঝা প্রয়োজন যে, কোম্পানীগুলি

কেন শেয়ার বিভাজন করে ? এবং শেয়ার বিভাজন বোনাস শেয়ারের থেকে কি প্রকারে আলাদা হয় ? শেয়ার বিভাজনে কোম্পানীর শেয়ার পুঁজি আগের মতই থেকে যায়। কিন্তু বোনাস শেয়ার জারী হলে কোম্পানীর শেয়ারের পুঁজি বৃদ্ধি পায় এবং রিজার্ভ কমে যায়। যদিও, শেয়ার বিভাজন এবং বোনাস শেয়ার – দুটিতেই কোম্পানীর নেটওয়ার্কে কোন পরিবর্তন আসে না।

এটি বোঝা জন্য কোন ইক্যুইটি শেয়ারকে দুই ভাগে ভাগ করার উদাহরণ নেওয়া যাক। ধরা যাক যে, কোন কোম্পানী এক মাসে শেয়ার বিভাজন করার ঘোষণা করে। এর অর্থ হল যে, ঘোষণা করার এক মাস বাদে শেয়ারের ট্রেডিং বর্তমান মূল্যের থেকে অর্দ্ধেক হবে। এই প্রকারে, আপনার কাছে যত শেয়ার রয়েছে, সেটা দ্বিগুণ হয়ে যাবে এবং তার পরিবর্তে কোম্পানীর আউটস্ট্যাণ্ডিং শেয়ারের সংখ্যা দ্বিগুণ হয়ে যাবে।

এখন প্রশ্ন হল যে, নিবেশকারীদের সম্পত্তিতে যদি কোন পরিবর্তন না আসে, তবে কোম্পানী কেন শেয়ার বিভাজনের ঘোষণা করে ? কোম্পানী নিজের শেয়ারকে আরও লিক্যুইড করার জন্যই এমনটা করে। এতে নিবেশকারীদের পক্ষে সেটা কেনা আরও সহজ হয়ে যায়। এই কাজ করলে শেয়ারকে সস্তা বলে মনে হয়। নিবেশকারী 3000 টাকার একটা শেয়ার কিনছেন, নাকি 1500 টাকা করে দুটি শেয়ার কিনছেন... তাতে কিছু যায়-আসে না।

করের প্রশ্নে শেয়ার বিভাজনে কোনও রকম ট্যাক্স দিতে হয় না। বোনাস শেয়ারের মতই শেয়ার বিভাজনও করমুক্ত হয়... যদিও শেয়ার বিক্রী করার সময় নিবেশকারীর হওয়া পুঁজিগত লাভের ওপর ট্যাক্স বোনাস শেয়ারের ওপর যে কর ধার্য্য করা হয়, তার থেকে আলাদা হয়। এখানে, শেয়ারের প্রধান খরচও হ্রাস পাবে।

শেয়ার বায়ব্যাক ঃ

শেয়ার বায়ব্যাকও হচেছ ভারতীয় শেয়ার বাজারের নতুন সংযোজন। রিলায়েন্স, সীমেন্স এবং ইন্‌ফোসিসি – এমন ধরনের কিছু কোম্পানীই শেয়ার বায়ব্যাকের উদ্ভাবন করেছে। বায়ব্যাক হচেছ এমন একটি বিষয়, যার দ্বারা কোম্পানীগুলি নিজেদের পুঁজিগত ধাঁচাকে আরও লোভনীয় করে তোলে। বায়ব্যাকের সাহায্যে কোম্পানীগুলি নিজেদের ডেট ইক্যুইটির অনুপাতকে উঁচু রাখতে সক্ষম হয়। বেশীর ভাগ ক্ষেত্রে কোম্পানীগুলি তখনই বায়ব্যাক করে, যখন তাদের এমনটা মনে হয় যে,

তাদের শেয়ারের দাম কম বা তাদের কাছে সারপ্লাস নগদ আছে, যার নিবেশের তৎক্ষনাৎ কোন প্রয়োজন নেই। কোম্পানীর প্রতি শেয়ার আয়তে অভাব কমানোর জন্যও শেয়ার বায়ব্যাক করা হয়। এটিকে এই ভাবেও বলা যায় যে, বায়ব্যাক পরিকল্পনা কোম্পানীর প্রতি শেয়ার আয় বৃদ্ধি করে। এছাড়া শেয়ার বায়ব্যাককে লাভাংশ ঋণ পরিশোধের সমান বলে মনে করা হয়। এর দ্বারা শেয়ার বায়ব্যাককে নিয়ে কর প্রদানের বিষয়টি বিশাল ঘটনা হয়ে ওঠে।

এখন প্রশ্ন হল যে, বায়ব্যাকের জন্য যে টাকা দেওয়া হয়, সেটা লাভাংশ, নাকি শেয়ারের ট্রান্সফারের জন্য দেওয়া পরিশোধিত ঋণ? যদি এই লাভাংশ পরিশোধিত ঋণ হয়, তবে নিবেশকারীরা কর দেওয়ার যোগ্য থাকবেন না। তাহলে আরও একটা প্রশ্ন ওঠে যে, বায়ব্যাকের জন্য যে ঋণ পরিশোধ করা হয়, তার কতটা লাভাংশ বলে মনে করা উচিত? সম্পূর্ণ টাকাটাই লাভাংশ হবে, নাকি এই অঙ্কিত মূল্যের উপর প্রীমিয়াম পরিশোধ করা হবে?

আনারকলি বনাম সি.আই. *(1997)* 90 ট্যাক্সমেন 509 *(এম.জি.)* মামলাতে বলা হয়েছিল যে, কোম্পানী দ্বারা শেয়ারগুলির রিডাকশন শেয়ারধারকের দ্বারা কোম্পানীকে শেয়ারগুলির বিক্রীর সমান বলে মানা হবে। আর্থিক অধিনিয়ম 1999-তে এই কথার পুনরাবৃত্তি করে এই সম্পর্কে বিভিন্ন রকম মতকে শেষ করে দেওয়া হয়েছে। কোন কোম্পানী নিজের শেয়ার শেয়ারধারকদের থেকে পুনরায় কিনলে শেয়ারধারকগণ যে টাকা পাবেন এবং শেয়ার কিনতে যা খরচ হয়েছে... তার মধ্যেকার পার্থক্যকেই পুঁজিগত লাভ মনে করা হবে... কারণ লাভাংশের পরিভাষা অনুসারে কোম্পানী দ্বারা নিজের শেয়ারগুলি কেনার জন্য কোনও পরিশোধিত ঋণ অন্তর্ভুক্ত থাকে না।

●●

মিউচ্যুয়াল ফাণ্ডে নিবেশের জন্য প্রয়োজনীয় 'মিন'

মিউচ্যুয়াল ফাণ্ডে নিবেশের জন্য এখন নিবেশকারীদের মিউচ্যুয়াল ফাণ্ড আইডেন্টিফিকেশন নম্বর *(মিন)* জানাতে হবে। 2007 সালের 1-লা জানুয়ারী থেকে *'মিন'* আবশ্যক করে দেওয়া হয়েছে। শেয়ার বাজার নিয়ন্ত্রণকারী সংস্হা *'সেবি'*-র নির্দেশে *'এক্সি'* এই সম্পর্কে দিশা নির্দেশ জারী করেছে।

মিন কি ?

মিন হল একটি বিচিত্র সংখ্যা... যা মিউচ্যুয়াল ফাণ্ডে নিবেশকারীদের প্রদান করা হবে। মিউচ্যুয়াল ফাণ্ডের মাধ্যমে শেয়ার বাজারে কালো টাকা নিবেশের ক্ষেত্রে বাধা-নিষেধ জারী করার জন্য সেবি *'মিন'* প্রয়োগ করার নির্দেশ দিয়েছে। এটিকে মানি লাণ্ডরিং এ্যাক্ট, 2002-য়ের অন্তর্গত লাগু করা হয়েছে।

কাদের জন্য জরুরী হবে ?

মিউচ্যুয়াল ফাণ্ডে যদি কোন নিবেশকারী পঞ্চাশ হাজার বা তারও বেশী টাকা নিবেশ করেন, তবে তাঁর জন্য *'মিন'* আবশ্যক হবে। এটি সমস্ত প্রকারের নিবেশকারী, যেমন – ব্যক্তিগত, বহুব্যক্তিগত নয়, রেসিডেন্ট এবং প্রবাসী ভারতীয় *(এন.আর.আই.)*-দের জন্য জরুরী হবে। এটি সিস্টেমেটিক ইনভেস্টমেন্ট প্ল্যান *(এস.আই.পি.)*-য়ের ক্ষেত্রেও প্রযোজ্য হবে। অবশ্য, যদি কোন বর্তমান নিবেশকারী 50 হাজার টাকার কম নিবেশ করেন এবং তাঁর দ্বারা করা নতুন নিবেশ যদি 50 হাজার টাকা বা তার থেকে কম হয়, তবে তাঁর জন্য 'মিন'-য়ের প্রয়োজন হবে না। সমস্ত সংযুক্ত নিবেশকারীদেরও নিজেদের *'মিন'* জানাতে হবে।

কোন্ সংস্হা মিন জারী করবে ?

মিউচ্যুয়াল ফাণ্ড কোম্পানীগুলি সংযুক্ত মঞ্চের মাধ্যমে *'মিন'* জারী করার সিদ্ধান্ত গ্রহণ করেছে। এর জন্য কোম্পানিগুলি সি.ডি.এস.এল. ভেঞ্চার্স লিমিটেডের সাথে বিশেষ চুক্তি করেছে। সি.ডি.এস.এল. পয়েন্ট অফ্ সার্ভিসের রূপে কিছু সংস্হাকে নিযুক্ত করেছে। এছাড়া

কিছু নামকরা এম.এফ. ইন্সপেক্টর সেবা কেন্দ্রের মাধ্যমেও *'মিন'*-য়ের জন্য আবেদন করা যাবে। এই ধরণের সংস্থাগুলির নাম খুব শীঘ্রই সমস্ত মিউচ্যুয়াল ফাণ্ড কোম্পানীগুলি এবং এম্‌ফির ওয়েবসাইটে প্রাপ্ত করা যাবে। আবেদন পত্র এম্‌ফি এবং এম. এফ. কোম্পানীগুলির ওয়েবসাইট থেকেও ডাউনলোড করা যেতে পারে। বর্তমানে *'মিন'* জারী করার পরিবর্তে কোনও শুল্ক নেওয়া হবে না।

মিনের জন্য সম্পূর্ণ তথ্য জানাতে হবে ঃ

'মিন' প্রাপ্ত করার জন্য আবেদনকারীকে নিজের ব্যাপারে সম্পূর্ণ তথ্য জানাতে হবে। যদি কোনও তথ্য অসম্পূর্ণ থাকে, বা সম্পূর্ণ কাগজ-পত্র না পাওয়া যায়, তবে আবেদন আটকে দেওয়া যেতে পারে এবং সে সম্পর্কে আবেদককে জানিয়ে দেওয়া হবে। যদি এর মধ্যে আবেদনকারীকে মিউচ্যুয়াল ফাণ্ডের ইউনিট জারী করে দেওয়া হয়, তবে সেটাকে সেই সময়ের এন.এ.বি.-র ভিত্তিতে টাকায় পরিবর্তন করে সেই অর্থ আবেদককে ফেরত দিয়ে দেওয়া হবে। স্কীমে এক্জিট লোনের ব্যবস্থা থাকার জন্য সেটি আবেদনকারীর কাছ থেকেই উসুল করা হবে। ই.এল.এস.এস.-য়ের ক্ষেত্রে ইউনিট জারী হওয়ার তারিখ থেকে 21 দিনের মধ্যে নিবেশের অর্থ আবেদনকারীকে ফেরত দিয়ে দেওয়া হবে। নতুন ফাণ্ড অফারের মামলায় অর্থ ছয় সপ্তাহের মধ্যে ফেরত দিয়ে দেওয়া হবে।

খারিজ না করা পর্যন্ত ব্যবহার করা যাবে ঃ

একবার আবন্টিত হওয়ার পর এবং তিন বছর ব্যবহার করার পর খারিজ না করা পর্যন্ত এর অস্তিত্ব বজায় থাকবে। আপনাকে এই সমস্ত মিউচ্যুয়াল ফাণ্ড কোম্পানীগুলিকে *'মিন'* সম্পর্কে জানাতে হবে, যাদের ফাণ্ডে আপনি নিবেশ করেছেন। যদি কোন অপ্রাপ্তবয়স্ক ব্যক্তি নিবেশ করতে চায়, তবে তার অভিভাবকের *'মিন'* জানাতে হবে। এই অপ্রাপ্তবয়স্ক ব্যক্তির বয়স 18 হওয়ামাত্র তাকে আলাদা *'মিন'* জমা দিতে হবে।

এন.আর.আই-দের কি-কি কাগজ-পত্র জমা দিতে হবে ?

এন.আর.আই.-রা *'মিন'* পাওয়ার জন্য প্রয়োজনীয় কাগজ-পত্র সহ নিজের আবেদনপত্র প্রতিনিধি বা ডিস্ট্রিবিউটরকে পাঠাতে পারেন। তাঁকে নিজের পাশপোর্টের কপি, বিদেশে নিজের ঠিকানার প্রমাণপত্র এবং স্থায়ী ঠিকানা জানাতে হবে। * মিউচ্যুয়াল ফাণ্ডের মাধ্যমে শেয়ার বাজারে কালো টাকা নিবেশকে বন্ধ করার জন্য *'মিন'*-কে অনিবার্য করে দিয়েছে।

●●

ইসোপের শেয়ার কেনার জন্য নিজের পকেট থেকে টাকা বার করুন

শুধুমাত্র ভারতেই নয়... সারা বিশ্বের শেয়ার বাজারে বর্তমানে খুশীর পরিবেশ ছড়িয়ে রয়েছে। এই পরিস্থিতিতে ষ্টক অপ্‌শন আবার একবার কর্মচারীদের খুশী করার পদ্ধতি হয়ে উঠেছে। এই প্রচলন দেশে প্রথম বার সোফ্‌টওয়্যার ক্ষেত্রের অগ্রণী কোম্পানীগুলি শুরু করেছিল। এখন সমস্ত ব্যবসার ক্ষেত্রেই কোম্পানীগুলি টপ্‌ ম্যানেজমেন্ট থেকে শুরু করে সাধারণ কর্মচারী পর্যন্ত সবাইকেই ইসোপ দিচ্ছে।

আসুন দেখা যাক, এই এম্‌প্লয় ষ্টক অপ্‌শন প্ল্যান *(ইসোপ)* আসলে কি? কোম্পানীগুলি কেন এবং কি ভাবে তাদের কর্মচারীদের ইসোপ দেয়? ভেস্টিং মেয়াদ কি হয় এবং এটা কর্মচারীদের কি ভাবে প্রভাবিত করে? ইসোপের ওপর কি ভাবে কর প্রযোজ্য হয় এবং কম কর দেওয়ার জন্য কর্মচারীদের কি করা উচিত?

এই প্রশ্নগুলির উত্তর ষ্টক্‌ অপ্‌শনের সহজ পরিভাষায় শুরু করা যাক। ষ্টক অপ্‌শন কর্মচারীদের নির্দ্দিষ্ট সময়ে নির্দ্দিষ্ট মূল্যে কোম্পানীর শেয়ার কেনার সুবিধা প্রদান করে। সাধারণতঃ বর্তমান মূল্যের ওপরে ডিস্‌কাউন্ট দেওয়া হয়ে থাকে।

ভেস্টিং মেয়াদ ঃ ষ্টক অপ্‌শন পাওয়ার অর্থ এই নয় যে, কোম্পানীর শেয়ার হাতে এসে গেছে। অপ্‌শন শেয়ার কেনার অধিকার কোন দায়বদ্ধতা হয় না। কর্মচারীগণ অপ্‌শনের ব্যবহার করে কেনা-কাটা করতে পারেন। বেশীর ভাগ ক্ষেত্রে এই অপ্‌শন ব্যবহার করার অধিকারকে কয়েক্ক বছরের মধ্যে ভাগ করে দেওয়া হয়। অন্য ভাবে বলা যায়, কর্মচারীদের এই শেয়ারগুলি কেনার অধিকার অর্জন করতে হবে। তাঁদের এর মধ্যে নিবেশরত হয়ে থাকতে হবে।

উদাহরণস্বরূপ, কখগ লিমিটেড প্রতি শেয়ার 200 টাকা মূল্য ধার্য্য করে 100 শেয়ার কেনার বিকল্প দিয়েছে। কর্মচারীরা প্রথম বছরে মোট শেয়ারের 25 শতাংশ কিনতে পারেন এবং অবশিষ্ট অংশ পরবর্তী তিন বছরে। এর অর্থ হল প্রতি বছর মোট শেয়ারের 25 শতাংশ নিবেশ

হবে। ভেস্টিং শিডিউল ঠিক করে যে, কর্মচারীগণ কখন তাঁদের অপ্‌শনের ব্যবহার করতে পারবেন। ভেস্টিং মেয়াদে কর্মচারীরা নির্দ্দিষ্ট মূল্যে শেয়ার কেনার অধিকার প্রয়োগ করতে পারবেন।

স্টক অপ্‌শন পরিকল্পনায় ভেস্টিং শিডিউল, এক্সারসাইজ প্রাইজ এবং এক্সারসাইজ মেয়াদ লেখা থাকে। বেশীর ভাগ ক্ষেত্রে এক্সারসাইজ মেয়াদ এবং ভেস্টিং শিডিউল এক সমান হয়।

করের পরিস্থিতি ঃ স্টক অপ্‌শন 1999-2000 সাল পর্যন্ত দেশে দুই স্তরের করের ব্যবস্থা প্রচলিত ছিল। কর প্রদানের প্রথম পদক্ষেপ অপ্‌শনের ব্যবহারের ওপর নির্ভর করত। শেয়ারের বাজার মূল্য এবং তার জন্য কর্মচারীদের প্রদেয় অর্থের পার্থক্যের ওপর ভিত্তি করে কর দিতে হত। শেয়ারগুলির বিক্রীর ওপর বিক্রয় মূল্য এবং শেয়ারের ক্রয় মূল্যের পার্থক্যের ওপর পুঁজিগত লাভ কর দিতে হত।

এখন শুধুমাত্র শেয়ার বিক্রীর সময়ই কর দিতে হয়। এর অর্থ হল, শেয়ার বিক্রী করার সময় ক্রয় মূল্য এবং বিক্রয় মূল্যের মধ্যে যে পার্থক্য থাকে, তার ভিত্তিতে পুঁজিগত লাভ কর লাগে। এর ওপর পুঁজিগত লাভ করের সাধারণ নিয়ম প্রযোজ্য হয়। এক বছর শেয়ার নিজের কাছে রাখার পর কোন মান্যতাপ্রাপ্ত স্টক এক্সচেঞ্জে বিক্রী করলে তার থেকে দীর্ঘমেয়াদী পুঁজিগত লাভ পাওয়া যাবে এবং সেটি করমুক্ত হবে। অন্যথা এর ওপর 10 শতাংশ হারে অল্পমেয়াদী পুঁজিগত লাভ কর প্রযোজ্য হবে। ভারতের কোম্পানীগুলি দ্বারা নিজেদের কর্মচারীদের দেওয়া ইসোপের ওপর এই ধরণের কর প্রযোজ্য হয়।

বিদেশী ইসোপ ঃ বেশ কিছু সোফ্‌টওয়্যার প্রোফেশনালকে বিদেশী পেরেন্ট কোম্পানিগুলি ইসোপ দেয়। এর ওপর কি ধরণের কর প্রযোজ্য হবে ? এক্ষেত্রেও পুঁজিগত লাভ কর প্রযোজ্য হবে। পার্থক্য শুধু এই যে, যেহেতু শেয়ারের লেন-দেন ঘরোয়া স্টক এক্সচেঞ্জে হয় না... সেই কারণে 12 মাসের বেশী সময় ধরে যে সমস্ত নিবেশকারী নিবেশরত হয়ে রয়েছেন, তাঁদের ওপর ইণ্ডেকশনের সাথে 20 শতাংশ হারে কর প্রযোজ্য হবে। এর থেকে কম সময়ের জন্য নিবেশ করলে কর্মচারীদের সম্পূর্ণ কর দিতে হবে।

ভুলের হাত থেকে সুরক্ষা ঃ ভেস্টিং মেয়াদের ক্ষেত্রে শেয়ার কেনার ব্যাপারে কর্মচারীদের বেশ ভালো টাকা খরচ করতে হয়। শেয়ার কেনার অধিকারের প্রয়োগ করার জন্য সকলের কাছে যে পয়সা থাকতেই হবে, এমন কোন বাধ্যবাধকতা নেই। এই কারণে বেশীর ভাগ কোম্পানী কর্মচারীদের ফেশলেস ট্রাঞ্জাকশনের সুবিধা দেয়। একে অপশ্‌নে ক্লিপিং-ও

বলা হয়। এই ক্ষেত্রে কর্মচারীরা অপ্‌শনের ব্যবহার করে এক ট্রাঞ্জাকশনেই সেগুলি বিক্রী করতে পারেন।

যদিও, এতে কর্মচারীদের অল্পমেয়াদী পুঁজিগত লাভ হয় এবং যদি শেয়ার বিদেশে সূচীবদ্ধ থাকে, তবে লাভের ওপর সর্বাপেক্ষা প্রযোজ্য কর হবে 30.6 শতাংশ বা 33.66 শতাংশ। যে সমস্ত কর্মচারী ইসোপে বিদেশে সূচীবদ্ধ পেরেন্ট কোম্পানীর শেয়ার পান, তাঁদের এই ক্ষতি স্বীকার করতে হয়। এই সমস্যা থেকে বাঁচা যেতে পারে... কিন্তু কর্মচারীদের সামান্য একটু কষ্ট করতে হবে। কর্মচারীরা এইচ.আর. বিভাগকে এটা বলতে পারেন যে, তাঁদের ক্যাশলেস এক্সারসাইজ অপ্‌শনে কোন আগ্রহ নেই।

ইসোপের শেয়ার কেনার জন্য নিজের পকেট থেকে টাকা বার করুন। নগদ টাকা না থাকলে লোন নিন। কিন্তু খেয়াল রাখবেন, লোন এক বছরের কম মেয়াদের হতে হবে। অবশ্য, লোনের জন্য যে সুদ দিতে হবে, সেটা এবং কর বাঁচানোর তুলনা অবশ্যই করা উচিত। বেশীর ভাগ ক্ষেত্রে ক্যাশলেস এক্সচেঞ্জ বেশ মূল্যবান বলে প্রমাণিত হয়।

সব মিলিয়ে একটি কোম্পানী নিজের কর্মচারীদের জন্য অনেক উপায়ে স্টক্ অপ্‌শনের পরিকল্পনা বানাতে পারে। কিন্তু পরিকল্পনা যেমনই হোক্ না কেন... মূল সিদ্ধান্ত কখনোই পরিবর্তিত হয় না। এর থেকে অধিকতর লাভ পাওয়ার জন্য কর্মচারীদের ভেস্টিং মেয়াদ, এক্সারসাইজ মেয়াদ এবং কর প্রদানের বিষয়টিকে মাথায় রেখে কোম্পানীর পরিকল্পনাগুলি সম্পর্কে অনুসন্ধান করা উচিত।

●●

বিদেশী শেয়ার বাজারে নিবেশ

ভারতীয় কোম্পানীগুলির শেয়ার এবং মিউচ্যুয়াল ফাণ্ডে নিবেশকারীরা খুব শীঘ্রই বিদেশী শেয়ার বাজারে নিবেশ করতে পারবে। বাজেটে এই সম্পর্কে ঘোষণা হয়ে যাওয়ার পরে বিদেশী কোম্পানীগুলোর শেয়ারে নিবেশ করাটা সহজ হয়ে উঠবে। বর্তমানে ঘরোয়া নিবেশকারীদের বিদেশী কোম্পানীগুলির শেয়ারে নিবেশ করার অনুমতি দেওয়া হয়েছে... কিন্তু এর প্রক্রিয়া অত্যন্ত জটিল।

বিদেশে নিবেশ করার বর্তমান নিয়ম ঃ

বর্তমানে ঘরোয়া মিউচ্যুয়াল ফাণ্ডে কিছু বিশেষ শর্ত পূরণ করার পর বিদেশী শেয়ারে টাকা খাটানোর অনুমতি রয়েছে। এই প্রকার ভারতীয় নাগরিকদেরও বিদেশে প্রতি বছরে 50 হাজার ডলার পর্যন্ত নিবেশ করার অনুমতি দেওয়া হয়েছে। কিন্তু নিয়মগুলি যুক্তিগত না হওয়ায় নিবেশকারীরা এর লাভ ওঠাতে পারেন না। বাজেটে করা ঘোষণায় দুটি নিয়মকেই যুক্তিগত করে তোলার চেষ্টা লুকিয়ে রয়েছে। বাজেটে করা ঘোষণা প্রযোজ্য হওয়ার পর দেশী নিবেশকারীরা মিউচ্যুয়াল ফাণ্ডের মাধ্যমে বিদেশে সূচীবদ্ধ শেয়ারে নিবেশ করতে পারবেন। বর্তমান নিয়ম অনুসারে মিউচ্যুয়াল ফাণ্ড উদ্যোগ দ্বারা বিদেশে তিন আরব ডলারের বেশী নিবেশ হওয়া উচিত নয়। এছাড়া কোন একটি মিউচ্যুয়াল ফাণ্ড বিদেশে কত টাকা নিবেশ করতে পারবে, তার সীমাও নির্দ্দিষ্ট করে দেওয়া হয়েছে। এই সীমা সম্পর্কিত মিউচ্যুয়াল ফাণ্ড দ্বারা যে টাকার বন্দোবস্ত করা হচ্ছে, তার 10 শতাংশের অধিক হওয়া উচিত না। এই প্রকার প্রত্যেক মিউচ্যুয়াল ফাণ্ডের জন্যও আলাদা ভাবে 15 কোটি ডলারের সীমা ধার্য্য করা হয়েছে।

ই. টি. এফ.-তেও নিবেশের অনুমতি প্রদান করা হয়েছে ঃ

যোগ্যতাপ্রাপ্ত কিছু ঘরোয়া মিউচ্যুয়াল ফাণ্ডে বিদেশী এক্সচেঞ্জ ট্রেডেড ফাণ্ড *(ই.টি.এফ.)*-তে নিবেশ করার অনুমতি রয়েছে। তারা বিদেশী ই.টি.এফ. ফাণ্ডে এক আরব ডলার পর্যন্ত নিবেশ করতে পারে। কিন্তু এর জন্য কিছু শর্ত পূরণ করতে হয়। প্রথমতঃ, বিদেশী ই.টি.এফ.-তে সেই মিউচ্যুয়াল ফাণ্ডই নিবেশ করতে পারে, যেটা 2006 সালের 31-শে

জুলাই পর্যন্ত দশ বছর পরিচালনা করে ফেলেছে। দ্বিতীয়তঃ, মিউচ্যুয়াল ফাণ্ড বা এর প্রবর্তকদের বিদেশী বাজার সম্পর্কে অভিজ্ঞতা থাকতে হবে এবং এর প্রমাণ পত্র ট্রাস্টির দ্বারা প্রদান করা প্রয়োজন। বিদেশী ই.টি.এফ.-তে নিবেশের জন্য প্রতিটি মিউচ্যুয়াল ফাণ্ডের জন্য পাঁচ কোটি ডলারের সীমা তৈরী করা হয়েছে।

ব্যক্তিগত নিবেশকারীদের জন্য নিয়ম ঃ

2006 সালের 20-শে ডিসেম্বর জারী করা সার্কুলার অনুসারে ভারতীয় নিবেশকারীদের যে কোন ক্যালেণ্ডার বর্ষে বিদেশী নিবেশ মাধ্যমে 50,000 ডলার নিবেশ করার অনুমতি প্রদান করা হয়েছে। এমন নিবেশকারীরা শুধুমাত্র সেই কোম্পানীর শেয়ারেই নিবেশ করতে পারবেন, যার ভারতে সূচীবদ্ধ কোন কোম্পানীতে 10 শতাংশ অংশীদারী রয়েছে। উদাহরণস্বরূপ, ইউনিলিভারে নিবেশ করা যেতে পারে... কারণ হিন্দুস্থান লিভার লিমিটেড়ে এর দশ শতাংশের অধিক অংশীদারী আছে। এই প্রকার কোন ভারতীয় নিবেশকারী যদি গুগলের শেয়ার কিনতে চান, তবে তিনি সেটা পারবেন না। কিন্তু নতুন নিয়মে এই শর্ত তুলে নেওয়া হয়েছে। বাজেটে বিদেশে নিবেশ সম্পর্কিত নিয়মগুলিকে ব্যবহারিক করে তোলার ঘোষণা করা হয়েছে। এখনও পর্যন্ত এই ক্ষেত্রে কোন নির্দেশ দেওয়া হয়নি... কিন্তু এমন সম্ভাবনা পূর্ণ মাত্রায় রয়েছে যে, ঘরোয়া মিউচ্যুয়াল ফাণ্ডগুলিকে এই ধরণের বিশেষ স্কীম জারী করার অনুমতি দেওয়া হবে, যেটা শুধুমাত্র বিদেশে নিবেশের উদ্দেশ্যেই আনা হবে।

আশা করা যায় যে, বিদেশে নিবেশ সম্পর্কিত বিষয়ে বর্তমানে যে সমস্ত ঘাটতি আছে নতুন নিয়মের মাধ্যমে সেগুলি পূরণ হবে। উদাহরণস্বরূপ, বিদেশী ই.টি.এফ.-তে নিবেশের জন্য মিউচ্যুয়াল ফাণ্ডগুলিকে দশ বছরের বেশী পুরোন হতে হবে। ভারতীয় মিউচ্যুয়াল ফাণ্ড বিদেশী ই.টি.এফ.-য়ে নিবেশ করতে পারে না। এই নিয়ম অনুসারে ভারতে ই.টি.এফ.-য়ের সূত্রপাতকারী বেঞ্চমার্ক মিউচ্যুয়াল ফাণ্ড-ও বিদেশী ই.টি.এফ.-তে নিবেশ করার যোগ্যতা প্রাপ্ত করেনি। কিন্তু প্রকৃত সত্য ঘটনা হল, এই ফাণ্ড বিদেশী ই.টি.এফ.-তে পয়সা খাটানোর ক্ষেত্রে সব চেয়ে ভালো পরিস্থিতিতে রয়েছে। নব্বইয়ের দশকের শুরুতে ঘরোয়া মিউচ্যুয়াল ফাণ্ডগুলি পরিচালন শুরু করেছিল... এই কারণে বিদেশী ই.টি.এফ.-তে নিবেশের জন্য 10 বছরে অভিজ্ঞতা থাকার শর্ত বৈধ নয়। বর্তমানে মিউচ্যুয়াল ফাণ্ড কোম্পানীগুলি দ্বারা প্রায় 3,58,261 কোটি টাকা নিবেশ করা হচেছ। বিদেশে নিবেশ সম্পর্কিত নিয়মগুলি সরল হওয়ার ফলে মিউচ্যুয়াল ফাণ্ড নিবেশকারীদের টাকা বিদেশী কোম্পানীতে নিবেশ করতে পারবে।

●●

শেয়ার বাজারে টাকা ডুবে যাওয়ার থেকে বাঁচানোর সূত্র

শেয়ার বাজারে আই.পি.ও.-র যেন বন্যা আসছে এবং আগে থেকে মজুদ শেয়ারের দাম আকাশ ছুঁচেছ। কঠোর পরিশ্রমের মাধ্যমে রোজগার করা টাকা শেয়ার বাজারে খাটাবার আগে নতুন নিবেশকারীদের বিচার-বিবেচনা করেই এগোন উচিত।

শেয়ার বাজারে টাকাকে ডুবে যাওয়ার হাত থেকে বাঁচানোর জন্য চারটি বিষয়ের দিকে দৃষ্টি দেওয়া উচিত ঃ

01. ব্যবসায় টাকা খাটানোর মতই শেয়ারে নিবেশ করুন ঃ

দশ বছর পরেও ব্যবসা চলবে কি ? যদি আপনার মনে সংশয় থাকে, তবে নিবেশ করার প্রয়োজন নেই। উদাহরণস্বরূপ, হীরো হোণ্ডার নাম নেওয়া যেতে পারে। অত্যন্ত নিশ্চিত হয়ে এমনটা বলা যেতে পারে যে, দশ বছর পরেও এই কোম্পানী বাজারে টিকে থাকবে।

যে কোম্পানীর শেয়ার আপনি কিনছেন, দীর্ঘ সময় ধরে তার থেকে লাভ পাওয়া যাবে কি ? প্রথমে সেটা ঠিক করুন। সর্বদা দীর্ঘমেয়াদী লাভের দিকে তাকিয়েই টাকা নিবেশ করুন। আপনি আগে এটা সুনিশ্চিত করে নিন যে, কোম্পানী 10 বছর পরেও টিকে থাকবে এবং লাভ প্রাপ্ত করতে থাকবে। দীর্ঘ সময় ধরে অস্তিত্বশীল এবং লাভ প্রাপ্ত করতে থাকা কোম্পানীর সংখ্যা অত্যন্ত কমই হয়। 1990 সালে যে সমস্ত কোম্পানীগুলি আই.পি.ও. জারী করেছিল, তাদের মধ্যে 50 শতাংশ কোম্পানী বন্ধ হয়ে গেছে। তাদের মধ্যে 25 শতাংশ কোম্পানী 5 শতাংশের থেকেও কম লাভের সঙ্গে ব্যবসা টিকিয়ে রেখেছে। এই শ্রেণীতে আসা বেশীর ভাগ কোম্পানী দীর্ঘ সময় ধরে লাভবান হতে পারে না।

02. সঠিক দামে শেয়ার কিনুন

ভালো ব্যবসার অর্থ এটা নয় যে, তাতে নিবেশ করাটা শ্রেয় বলে প্রমাণিত হবে। মনে করুন, আপনি একটি মারুতি ভ্যান কিনতে চান,

যার বাজার দর 3.5 লক্ষ টাকা। যদি কোন নতুন গাড়ী 1.75 লক্ষ টাকায় বিক্রী হওয়ার জন্য প্রস্তুত থাকে, তাহলে আপনি সেটিই কিনতে চাইবেন। কিন্তু যদি কেউ এই গাড়ীর জন্য 5 লক্ষ টাকা চায়, তবে আপনি সেদিকে তাকিয়েও দেখবেন না। যতক্ষন না সঠিক দামে গাড়ী পাচ্ছেন, ততক্ষন পর্যন্ত আপনি অপেক্ষা করবেন।

এমনটা শেয়ার কেনার ক্ষেত্রেও প্রয়োগ করা উচিত। দামের দিকে সর্বদা লক্ষ্য রাখুন।

03. প্রোমোটারের মনোভাব চেনার চেষ্টা করুন ঃ

সেই ব্যবসাতেই নিবেশ করুন, যার ওপরে আপনার বিশ্বাস আছে। আপনি শঠ্ ব্যক্তিদের সাথে কোন ভাবেই জড়িয়ে পড়তে চাইবেন না। যে প্রোমোটার নিজের শেয়ারধারকদের পরোয়া করে না... তার ওপরে কখনোই ভরসা করবেন না। প্রোমোটারকে সঠিক ভাবে পরীক্ষা করে নিন এবং তার মনোভাব বুঝে নিন।

04. লোভনীয় পরিকল্পনার থেকে দূরে থাকুন ঃ

এস.এম.এস. বার্তা, ব্রোকারের প্রস্তাব বা ভেতরের ব্যক্তির গুপ্ত পরামর্শের ভিত্তিতে কখনোই নিবেশ করতে যাবেন না। এমন শঠ্ লোকের অভাব নেই... যারা আকর্ষণীয় পরিকল্পনা বাজারে এনে নতুন নিবেশকারীদের পথভ্রষ্ট করে তোলে। কিছু লোক সবার আগে শেয়ার কিনে এটা প্রচার করে যে, তিন থেকে ছয় মাসের মধ্যে এর দাম দ্বিগুণ বৃদ্ধি পাবে। তাদের এই প্রচারে বিভ্রান্ত হয়ে উঠে যখন সবাই শেয়ার কিনতে থাকে, তখন শেয়ারের দাম পড়ে যায়।

ওপরে উল্লেখিত চারটি অব্যর্থ সূত্রকে সফল নিবেশকারী বেঞ্জামিন গ্রাহম এবং বারেন বফেট-ও পালন করে এসেছেন। এই সূত্রগুলির পালন করলে আপনিও শেয়ার বাজারে খাটানো নিজের টাকাকে ডুবে যাওয়ার হাত থেকে বাঁচাতে পারবেন।

সঞ্চয় এবং নিবেশের অবধারণা

অনেকে এমনটা মনে করেন যে, সঞ্চয় এবং নিবেশের মধ্যে কোন পার্থক্য নেই। কিন্তু এটি সত্য ঘটনা নয়। আসলে এই দুটিই হচ্ছে অর্থ ব্যবস্থাপনার দুটি ভিন্ন রূপ। এই দুইয়ের মধ্যেকার পার্থক্য দেখে আপনি নিজের আর্থিক প্রয়োজন অনুসারে সচেতন ভাবে নির্ণয় নিত পারবেন।

সঞ্চয় সংরক্ষণের ওপর কেন্দ্রীভূত ঃ

সাধারণ রূপে সঞ্চয় করার অর্থ হল এই যে, নির্দ্দিষ্ট সময়ের মধ্যে আপনি যে টাকা অর্জন করছেন, সেটিকে সুরক্ষিত রাখার উপায়ও আপনার জানা আছে। সঞ্চয়কারী কাছে লাভের চইতে জমানো টাকার সুরক্ষা অনেক বেশী গুরুত্বপূর্ণ হয়। সঞ্চয়কারী কোন রকম ঝুঁকি নিতে চান না এবং উনি নিজের টাকাকে পারম্পরিক আর্থিক সংস্থায় জমা করা পছন্দ করেন। তাঁরা ব্যাঙ্কে বা পোস্ট অফিসে পয়সা জমা রাখাকে সুরক্ষিত বলে মনে করেন। এই ধরণের আর্থিক সংস্থায় টাকা জমা রাখলে তাঁরা অল্প সুদ পান... কিন্তু তাঁদের মূল টাকা সুরক্ষিত থাকে। এই ধরণের সঞ্চয়ের দ্বারা আপনার তাৎক্ষনিক প্রয়োজন পূরণ হলেও আপনার দীর্ঘমেয়াদী আর্থিক উদ্দেশ্য পূরণ করার পক্ষে এই ধরণের সঞ্চয় পর্যাপ্ত হয় না... কারণ আপনি নিজের জমানো টাকার ওপরে খুব সামান্য লাভ পান।

এছাড়াও এটাও মনে রাখতে হবে যে, কম ঝুঁকিসম্পন্ন সঞ্চয় সংস্থাগুলি যে লাভ দেয়, মুদ্রাস্ফীতি অনুযায়ী সেটা সামান্যই হয়। জীবন যাপনের খরচ বৃদ্ধির সাথে-সাথে আপনার প্রয়োজনীয় জিনিষ কিনতে এবং আর্থিক উদ্দেশ্য প্রাপ্ত করার জন্য অনেক বেশী পয়সার প্রয়োজন হয়। এমন পরিস্থিতিতে আপনার জমানো অর্থ মুদ্রাস্ফীতির তুলনায় অনেক দ্রুত বৃদ্ধি পাওয়া উচিত... একমাত্র তাহলেই আপনি দীর্ঘমেয়াদী আর্থিক লক্ষ্য পর্যন্ত পৌঁছতে সক্ষম হবেন।

উদাহরণস্বরূপ বলা যায়, আপনি এমন একটা জিনিষ কিনতে চান, যার বর্তমান বাজার দাম 10 হাজার টাকা এবং আপনি 7500 টাকা

ব্যাঙ্কের সেভিংস এ্যাকাউন্টে জমা করেন, যেখান থেকে প্রতি বছর আপনি 5 শতাংশ হারে শুদ পাবেন। 10 বছর বাদে আপনার 12,216 টাকা হয়ে পড়বে। এই সময়ের মধ্যে মুদ্রাস্ফীতি অনুসারে যদি সেই জিনিষটার দাম 5 শতাংশ হারে বৃদ্ধি পেতে থাকে, তবে 10 বছর বাদে সেটার দাম হবে 16,288 টাকা। এই প্রকার আপনি আজকের দর হিসাবে জিনিযটার দামের তুলনায় 2500 টাকা পেছিয়ে থাকবেন। এই 10 বছরে মুদ্রাস্ফীতির কারণে আপনি জিনিষটার বর্তমান দামের অনুপাতে 4072 টাকা পেছিয়ে পড়বেন। যদি আপনি 10 বছরে 7500 টাকাকে 16,288 টাকায় পরিবর্তিত করতে চান, তবে আপনার প্রতি বছর 8.5 শতাংশ হারে সুদের প্রয়োজন।

নিবেশ সঞ্চয়ের ওপর কেন্দ্রীভূত ঃ

আপনি নিজের অর্থ তখনই নিবেশ করবেন, যখন আপনি নিজের পুঁজি বৃদ্ধি করতে চাইবেন। নিবেশ করার সময় লাভ প্রাপ্ত করার তুলনায় মূল পুঁজি ডুবে যাওয়ার ভয় বেশী থাকে। শেয়ার, বণ্ডস প্রভৃতিতে খুব দ্রুত গতিতে উত্থান-পতন দেখা যায়। নিবেশকারীকেও উত্থান-পতনের জন্য প্রস্তুত থাকতে হয়। নিবেশকারীকে এটা মাথায় রাখতে হয় যে, যদি তাঁর নিবেশের মূল্য কমতে থাকে, তবে তাঁর মূল পুঁজি ডুবে যেতে পারে। ঝুঁকি নিলে নিবেশকারীর অধিক পরিমাণে উপার্জন বা অর্থ বৃদ্ধির সম্ভাবনা থাকে এবং মুদ্রাস্ফীতির হাত থেকে বাঁচার জন্য কম ঝুঁকিসম্পন্ন সঞ্চয় পরিকল্পনার তুলনায় অধিক সুরক্ষা প্রাপ্ত হয়।

সুনিয়োজিত পদ্ধতিতে টাকা নিবেশ করলে ঝুঁকির হাত থেকে রেহাই পাওয়া যায়। আলাদা-আলাদা নিবেশ পরিকল্পনায় আপনি টাকা নিবেশ করে ঝুঁকি এবং অধিক লাভের মধ্যে সামঞ্জস্য বজায় রাখার চেষ্টা করতে পারেন।

●●

শেয়ার বাজারে মুক্ত ইণ্ডেক্স

শেয়ার বাজারে মুক্ত ইণ্ডেক্সের পরিকল্পনা মর্গান স্ট্যানলী ক্যাপিটাল ইন্টারন্যাশনাল *(এম.এস.সি.আই)* স্ফীত বাজারের মুক্ত ইণ্ডেক্সকে, যাকে এক.এস.সি.আই. ইণ্ডেক্স বলা হয়, নতুন রূপ প্রদান করেছে, ভারতের শেয়ার বাজারের কর্তারা এবং এফ.আই.আই. সেটার অবহেলা করেছে। এই অবহেলার পেছনে দুটি কারণ ছিল – (01) ইণ্ডেক্সকে নতুন রূপ দেওয়ার বিষয়টি বাজারে বহু দিন ধরে আলোচিত হচ্ছিল... এই কারণে বাজার নিজেকে সেই অনুসারে সাজিয়ে নিয়েছিল এবং উপ-ইণ্ডেক্সকে ডিস্‌কাউন্ট করে দেয়। (02) ইণ্ডেক্সকে নতুন রূপ দেওয়ার রিষয়টি সূচীবদ্ধ ভাবে হবে... এই কারণে বাজারের বর্তমান কাজের ব্যাপারে ইণ্ডেক্স থেকে কোন ভয় ছিল না। অর্থাৎ এম.এস.সি.আই. আরেকটি স্ফীত বাজারকে কিছুটা সামলানোর সুযোগ দিয়েছিল, অপর দিকে কোম্পানীগুলিকে বাজারে নিজেদের স্ক্রীপের প্রাপ্তি *(ফ্রী-ফ্লোট)* বৃদ্ধি করার সুযোগ দিয়েছে... যাতে যখন ইণ্ডেক্স সম্পূর্ণ ভাবে ফ্রী-ফ্লোট ভিত্তিক হয়ে পড়বে, তখন বাজার সেই ধাক্কা সহ্য করতে সক্ষম হয়ে উঠবে। লক্ষ্য করলে দেখা যাবে যে, ইণ্ডেক্স সম্পর্কে বাজারে যে ভয় ব্যাপ্ত হয়ে ছিল, সেটা ভুল ছিল না।

বৈদেশিক শেয়ার বাজারে মুক্ত ইণ্ডেক্সের স্থিতি ফুটসী গ্লোবাল *(ব্রিটেনে প্রতিষ্ঠিত শেয়ার ইণ্ডেক্স, যা ব্রিটেনের বাজারের দিশা নির্দেশ করে)* এবং ডি জোন্স ইণ্ডাস্ট্রীয়াল এভরেজ *(ন্যু ইয়র্ক স্টক এক্সচেঞ্জের শেয়ার ইণ্ডেক্স)* স্ক্রিপগুলিকে মুক্ত প্রাপ্ততা বা ফ্রী ফ্লোট ভিত্তিক বানানো হয়েছিল। এই কারণে মর্গান স্ট্যানলী ক্যাপিটাল ইন্টারন্যাশনাল *(এম.এস.সি.আই.)* এরই পদাঙ্ক অনুসরণ করে নিজের স্ফীত বাজারের *(উন্নততর দেশগুলোর শেয়ার বাজার)* মুক্ত আন্তর্জার্তিক ইণ্ডেক্সকে ফ্রী-ফ্লোটের অনুরূপ বানাচ্ছে... কারণ ফ্রী-ফ্লোট *(মুক্ত প্রাপ্ততা)* ভিত্তিক অংশগুলির মূল্যই সঠিক অর্থে নিবেশের গুরুত্বকে প্রদর্শন করে।

অংশপ্রাপ্তি বৃদ্ধি করার প্রয়োজনীয়তা কি ?

যে কোম্পানীর অংশ বাজারে বেশী পাওয়া যায় না... তার বেশী দাম কোন বিশেষ অর্থ রাখে না... যদি কোন কোম্পানীর বাজার

পুঁজিকরণ অনেক বেশী হয়, কিন্তু বাজারে সেটার 10 শতাংশেরও কম অংশ প্রাপ্ত হয়... তবে তাতে নিবেশের যোগ্যতা কমে যায়। এর অর্থ হল যে, যে কোম্পানী খুব ভালো স্ক্রীপের অংশপ্রাপ্তি ভালো, এম.এস.সি.আই. ইণ্ডেক্সে সেই স্ক্রীপের ভার বৃদ্ধি পাবে। এই প্রকার যদি প্রাপ্তিতে হ্রাস দেখা যায়, তবে এম.এস.সি.আই.-তেও তার ভার কমে যাবে।

ভারতীয় পরিপ্রেক্ষিতে মুক্ত ইণ্ডেক্স ঃ

ভারতীয় কোম্পানীগুলির স্ক্রীপে এম.এস.সি.আই.-এর ভারের নির্ধারণ এফ.আই.আই.-য়ের প্রাপ্তির ভিত্তিতে হবে। যে স্ক্রীপে এফ.আই.আই.-য়ের সীমা নির্ধারিত করা থাকবে, সেই স্ক্রীপে এফ.আই.আই.-য়ের জন্য ফ্লোটিং স্টক কম থাকবে এবং পরিণামস্বরূপ এম.এস.পি.আই. ইণ্ডেক্সে সেই স্ক্রীপের ভার কমে যাবে। ভারতে এফ.আই.আই-য়ের ওপর একটি বাধা-নিষেধ জারী করা হয়েছে যে তারা রাষ্ট্রীয়কৃত ব্যাঙ্কের বেশী স্ক্রীপ কিনতে পারবে না। কিছু স্ক্রীপে তার ক্রয়ের সীমা 25 শতাংশের মধ্যে আটকে রাখা হলেও কিছু স্ক্রীপে 30 শতাংশ পর্যন্ত ছাড় আছে। সরকার 30 শতাংশকে বৃদ্ধি করে 40 শতাংশ করে দিয়েছে এবং কিছু কোম্পানী নিজেদের শেয়ারধারকদের অনুমতি প্রাপ্ত করে স্ক্রীপে এফ.আই.আই.-য়ের নিবেশকে 40 শতাংশ করে দিয়েছে। কিন্তু তবুও দেশে এফ.আই.আই.-য়ের অংশ প্রাপ্তি হ্রাস পেয়েছে... কারণ কোন-কোন দেশ 49 শতাংশ এফ.আই.আই. অংশ কেনার অনুমতি দিয়ে রেখেছে। এই কারণে যখনই এম.এস.সি.আই. ইণ্ডেক্সের নতুন রূপ সম্পূর্ণ ভাবে সামনে আসবে, তখন তাতে ভারতীয় স্ক্রীপের ভার কমবেই।

ভার কমলে তা এফ.আই.আই.-য়ের জন্য লোকসানজনক হবে। উন্নত বাজারে তার নিবেশ এম.এস.সি.আই. ইণ্ডেক্সের ভিত্তিতেই হয় এবং যে দেশের স্ক্রীপে এই ইণ্ডেক্সের ভার বৃদ্ধি পাবে, সেই দেশে তার ক্রয় বৃদ্ধি পাবে। অর্থাৎ যে দেশের স্ক্রীপের ভার কমবে, সেই দেশে তার বিক্রী বৃদ্ধি পাবে।

এম.এস.সি.আই. ভারত সরকার এবং কোম্পানীগুলিকে এই সুযোগ প্রদান করেছে যে, তারা ভারতের শেয়ার বাজারে এফ.আই.আই.-য়ের জন্য শেয়ারের প্রাপ্তি বৃদ্ধি করে শুধুমাত্র যে শেয়ার বাজারকেই উন্নততর করে তুলবে তা নয়... বরং পোর্টফোলিয়ো ইনভেস্টমেন্টের অন্তর্গত এফ.আই.আই.-য়ের বৈদেশিক মুদ্রার আমদানীতেও বৃদ্ধি নিয়ে আসার চেষ্টা করবে। এ.ডি.আর. / জি.ডি.আর.-য়ের মাধ্যমে অংশের ফ্রী-ফ্লোটে বৃদ্ধি আনা যেতে পারে, আবার স্ক্রীপ বিশেষে এফ.আই.আই.-য়ের নিবেশ সীমাকেও বৃদ্ধি করেও এই কাজ করা যেতে পারে।

●●

নিবেশকারী কি করবেন আর কি করবেন না

ব্যবসা বৃদ্ধির কারণে অনেক নিবেশকারী শেয়ার বাজারে নিবেশ করে থাকেন। এই জন্য শেয়ার বাজারের সাথে ব্যবসা করার জন্য তাঁরা *'কি করবেন'* আর *'কি করবেন না'*, সেটা অবশ্যই জানা প্রয়োজন... কারণ এতে প্রচুর ঝুঁকি আছে। শেয়ার বাজারের সাথে সম্পর্কিত ব্যক্তিগণ *'কি করবেন'* আর *'কি করবেন না'*... সে সম্পর্কে নীচে সূচী প্রদান করা হল ঃ

কি করবেন ?

01. সর্বদা সেবি এক্সচেঞ্জে পুঁজীকৃত বাজার সংস্থাগুলির সাথে সম্পর্ক রাখুন।
02. নিজের ব্রোকার এজেন্ট ডিপোজিটরী পার্টিসিপেন্টকে স্পষ্ট এবং সঠিক নির্দেশ দিন।
03. সর্বদা নিজের ব্রোকারের থেকে কন্ট্র্যাক্ট পেপার চেয়ে নিন। চুক্তির ব্যাপারে কোন প্রকারের সন্দেহ থাকলে, এক্সচেঞ্জের ওয়েবসাইটে সেই সম্পর্কে বিস্তৃত জেনে নিন।
04. বাজার মধ্যস্থকারীর বাকী পেমেন্ট সর্বদা সাধারণ ব্যাঙ্কিং-য়ের মাধ্যমে করুন।
05. বাজার মধ্যস্থকারীদের কোন আদেশ জারী করার আগে কোম্পানী, তার পরিচালনা, ফাণ্ডামেন্টালস এবং তার দ্বারা করা সাম্প্রতিক ঘোষণা, বিভিন্ন নিয়মের অন্তর্গত করা বিভিন্ন ব্যাখ্যার পরীক্ষা করে নিন। তথ্য প্রাপ্তির উৎস হল ঃ এক্সচেঞ্জ এবং কোম্পানীগুলির ওয়েবসাইট এবং ব্যবসায়িক পত্রিকা প্রভৃতি।
06. ব্যবসায়িক নিবেশ নীতি গ্রহণ করার আগে নিজের ঝুঁকি সহ্য করার ক্ষমতার প্রতি লক্ষ্য রাখুন... কারণ প্রতিটি নিবেশের ক্ষেত্রেই ঝুঁকি সহ্য করতে হয়। এর মাত্রা বিভিন্ন হয়, যেটা আপনি কিসে টাকা নিবেশ করছেন, তার ওপর নির্ভর করে।

07. যে কোন মধ্যস্হকারীর গ্রাহক হওয়ার আগে অবশ্যই সাবধানতা অবলম্বন করন। এছাড়া নিবেশকারীদের কাছে অনুরোধ করছি যে *"রিস্ক ডিস্‌ক্লোজার ডকুমেন্ট"* অর্থাৎ ঝুঁকির সম্পর্কে ব্যাখ্যা করা কাগজ ভালো করে পড়ুন। ব্রোকারের মাধ্যমে শেয়ার বাজারে নিবেশকারীরা অবশ্যই এদিকে খেয়াল রাখবেন।

08. যে সমস্ত শেয়ারের দামে হঠাৎ করে জোয়ার এসে যায়, সেগুলোর প্রতি অবশ্যই সাবধানতা অবলম্বন করুন... বিশেষ করে কম মূল্যের স্টকের প্রতি।

09. দয়া করে এটা জেনে নিন যে, শেয়ার বাজারে নিবেশ করার গ্যারান্টিড রিটার্ন *(প্রতিফল)* হয় না।

কি করবেন না ?

01. অ-রেজিস্ট্রিকৃত ব্রোকার, সাব্ ব্রোকার, মধ্যস্হকারী ব্যক্তির সাথে ব্যবসা করবেন না।

02. টিপ্‌সের ভিত্তিতে ব্যবসা করবেন না।

03. পরিণাম পাবেনই... এমন প্রতিশ্রুতির জালে ফাঁসবেন না।

04. যেসব কোম্পানী পুঁজিকরণের বিষয়ে সরকারী সংস্হার মঞ্জুরী দেখায়, কখনোই তাদের জালে পা দেবেন না... কারণ মঞ্জুরী অন্য কোন উদ্দেশ্যেও হতে পারে। আপনি যা কিনছেন, তার ওপর নাও হতে পারে।

05. কোন মধ্যস্হ ব্যক্তির হাতে নিজের ডিম্যাট ব্যবসার রসিদ বুক দেবেন না।

06. প্রিন্ট এবং ইলেকট্রোনিক্স মিডিয়াতে কোম্পানীর যে আর্থিক স্হিতি প্রদর্শিত হয়, সেই বিজ্ঞাপনের জালে জড়িয়ে পড়বেন না।

07. কর্পোরেট গতিবিধি সম্পর্কে মিডিয়ায় যে খবর সম্প্রচারিত হয়, তাতে চোখ বুজে বিশ্বাস করবেন না... কারণ এমনটা আপনাকে বোকা বানানোর ষড়যন্ত্রও হতে পারে।

08. নিবেশ করার সময় চোখ বন্ধ করে সেই সব নিবেশকারীদের নকল করবেন না... যারা ইতিমধ্যেই নিবেশের থেকে লাভবান হয়েছেন।

●●

শেয়ারের পরিবর্তে ঋণ নেওয়া যায় কি ?

আপনি যতটা পুঁজি খাটিয়েছেন, যদি তার থেকে অনেক বেশী লাভ হয়, তখন তাকে ভালো ব্যবসা বলে মনে করা হয়।

যদি আপনি নিবেশের ক্ষেত্রেও এই যুক্তির ব্যবহার করেন, তবে তাঁকেই এক চতুর নিবেশকারী বলে মনে করা হবে... যিনি ঋণ নিয়ে শেয়ারে নিবেশ করে সুদের তুলনায় অনেক বেশী লাভ প্রাপ্ত করেছেন।

সংক্ষেপে এটিকে নিবেশের জন্য নিজের শেয়ার বন্ধক রাখা বলা যেতে পারে। এটি ঝুঁকিপূর্ণ হতে পারে। কিন্তু শেয়ারের সাথে সম্পর্কিত সমস্ত ব্যবসার ক্ষেত্রেই ঝুঁকি থাকে। এই যুক্তি দেওয়া হয়ে থাকে – যদি আপনার কাছে রিলায়েন্সের 1000 শেয়ার থাকে, তবে বর্তমান বাজার মূল্যের হিসাবে আপনার কাছে 3,60,000 টাকার পুঁজি রয়েছে।

যদি আপনি শেয়ারের বদলে কোন ব্যাঙ্কের থেকে ঋণ চান, তবে আপনি 10-12 শতাংশ সুদের হারে 2,10,000 টাকা পেতে পারেন। যদি আপনার মনে হয় যে, এই টাকা কোন শেয়ারে নিবেশ করে পুঁজির থেকে প্রাপ্ত লাভ এবং ঋণের বদলে দেওয়া সুদের তুলনায় বেশী লাভ গ্রহণ করতে পারেন, তবে এই পদক্ষেপ গ্রহণ ভুল হবে না।

এর সাথে এই ভয়ও থাকতে পারে যে, আপনার অনুমান ভুলও হতে পারে। এই ধরণের পরিস্থিতিতে সুদ আপনার জন্য বোঝা হয়ে দাঁড়াতে পারে এবং যদি রিলায়েন্সের শেয়ারের দাম কমে যায়, তবে আরও অনেক শেয়ার আপনার ব্যাঙ্কের কাছে জমা করতে হবে।

ধার নিয়ে নিবেশ করলে সফলতা পাওয়ার দুটি শর্ত আছে – যখন বাজার বৃদ্ধির দিকে থাকবে, তখন ধার নিন এবং সঠিক শেয়ারে নিবেশ করুন।

শেয়ার বাজারের যে কোন বিশেষজ্ঞ ধার নিয়ে শেয়ার বাজারে নিবেশ করাকে ভুল বলে মনে করেন। তাঁদের মতে, যদি নিবেশকারীর অনুমান ভুল প্রমাণিত হয়, তবে তাঁকে দুই ধরণের ক্ষতির সম্মুখীন

হতে হবে। ঋণ নিয়ে শেয়ারে নিবেশ করার সময় লাভের সম্ভাবনা অনিশ্চিত থেকে যায়... কিন্তু নিবেশকারীর ওপর ঋণের চাপ নিশ্চিত রূপে থেকে যায়।

শেয়ার সম্পর্কিত পরামর্শদাতারা মনে করেন যে, ঋণ নিয়ে শেয়ারে নিবেশ করার পরিবর্তে নিবেশকারীদের বিকল্প হিসেবে ডেরিভেটিভ্স মার্কেটে নিবেশ করা উচিত। এই প্রকার ঝুঁকি না উঠিয়েই নিবেশকরী ভালো পরিণামের আশা করতে পারেন।

যে নিবেশকারী ঝুঁকি নিতে প্রস্তুত এবং ঋণের টাকা নিবেশ করে অনেক বেশী লাভ পেতে চান... তাঁর জন্য এখানে কিছু টিপ্স দেওয়া হল, যেগুলো নির্ণয় নেওয়ার ক্ষেত্রে সাহায্য করতে পারে।

কি ভাবে ঋণ প্রাপ্ত করবেন ঃ

বেশীর ভাগ ব্যাঙ্ক শেয়ার, মিউচ্যুয়াল ফাণ্ড এবং আর.বি.আই রিলিফ বণ্ডের পরিবর্তে ঋণ দেয়। ব্যাঙ্ক একটি শেয়ার থেকে শুরু করে শেয়ারের পোর্টফোলিয়ো পর্যন্ত স্বীকার করে।

একটা শেয়ারের বদলে ঋণ দেওয়ার সময় ব্যাঙ্ক নিজের শর্তের ভিত্তিতে নির্ণয় নেয়। ব্যাঙ্ক নিফটী ইণ্ডেক্সে শামিল শেয়ারের বদলে খুব সহজেই ঋণ দেয়।

নিফটীর বাহিরে যে সমস্ত শেয়ার থাকে, তার বদলে ঋণ দেওয়ার সময় ব্যাঙ্ক সাবধানতা অবলম্বন করে। শেয়ারের লিক্যুইডিটি, ইম্প্যাক্ট কস্ট এবং সম্পর্কিত ব্যবসার বিশ্বসনীয়তার ভিত্তিতে ব্যাঙ্ক ঠিক করে যে, কি ভাবে ঋণ দেবে।

এই বিষয়ে প্রতিটি ব্যাঙ্ক আলাদা-আলাদা নীতি গ্রহণ করে। আই.ডি.বি.আই. কম পক্ষে দুটি সিকিউরিটি চায়, এইচ.এস.বি.সি. এবং আই.সি.আই.সি.আই. ব্যাঙ্ক কম পক্ষে চারটি সিকিউরিটির চাহিদা করে।

মিউচ্যুয়াল ফাণ্ডের ইউনিটের বদলেও ব্যাঙ্ক ঋণ দিয়ে থাকে... কিন্তু এর জন্য নিয়ম যথেষ্ট কঠিন হয়। শেয়ারের মোট মূল্যের 60 শতাংশ পর্যন্ত ব্যাঙ্ক ঋণ দিয়ে থাকে। মিউচ্যুয়াল ফাণ্ডের ক্ষেত্রে সমগ্র মূল্যের 50 শতাংশ পর্যন্ত ঋণের রূপে দিয়ে থাকে।

ব্যাঙ্ক অন্যান্য প্রোডাক্টের মতন শেয়ারের ক্ষেত্রেও ঋণের ন্যূনতম এবং অধিকতম রাশি নির্ধারিত করে রাখে। আই.ডি.বি.আই. ব্যাঙ্ক ন্যূনতম 50,000 টাকা থেকে অধিকতম 20 লাখ খাকা পর্যন্ত ঋণ

দিয়ে থাকে।

যখন কোন শেয়ার হোল্ডার সমূহ শেয়ারের বদলে ঋণ নিতে চান, সেই পরস্থিতিতে ব্যাঙ্ক ঋণের অধিকতম সীমা আরও বৃদ্ধি করতে পারে।

অন্য ঋণের তুলনায় শেয়ারের বদলে ঋণ কোন্ দিক থেকে আলাদা ?

সব থেকে বড় ভিন্নতা হল এই যে, বন্ধক রাখা শেয়ারের মূল্যে জোয়ার-ভাঁটা আসে। প্রতি দিন দামের ক্ষেত্রে পার্থক্য দেখা দিলে আপনার ঋণের ক্ষেত্রেও পরিবর্তন আসে। আরেকটি ভিন্নতা হল এই যে, ব্যাঙ্কে বন্ধক রাখা শেয়ারের মূল্যের তুলনায় আপনার কার্যক্ষমতা কম গুরুত্ব রাখে।

যখন আপনার ব্যাঙ্ক শেয়ারের বদলে ঋণ দেয় এবং ব্যাঙ্কে জমা রাখা শেয়ারের দাম কমে যায়, তাহলে তখনও পর্যন্ত কোন পার্থক্য দেখা যাবে না... যতক্ষন আপনি নিয়মিত রূপে সুদ দিয়ে চলবেন।

●●

মিউচ্যুয়াল ফাণ্ড অর্থাৎ কম ঝুঁকি

গুরুজনরা এমন কিছু পরামর্শ দেন, যা সারা জীবন কাজে আসে। অনেকেরই হয়তো মনে আছে, ছোটবেলায় পরিবারের সদস্যদের সঙ্গে ঘুরতে খাওয়ার সময় ঠাকুমা এক জায়গায় টাকা-পয়সা না রেখে ভিন্ন-ভিন্ন স্হানে রাখতে বলতেন। কিছু টাকা ঠাকুমা নিজের ব্যাগে রাখতেন... কিছু টাকা রুমালে বেঁধে নিতেন... কিছু টাকা পার্সে রাখতেন। যদি যাত্রাপথে এক জায়গায় রাখা টাকা হারিয়েও যায়, তাহলে অন্য জায়গায় রাখা টাকা কাজে লাগবে। যদি সব টাকা একই জায়গায় রাখা হয় এবং সেটা হারিয়ে যায়, তবে সেই পরিস্হিতিতে হাতে একটাও টাকা থাকবে না।

এটি হচেছ সেই সিদ্ধান্ত, যাকে ইঞ্জিনিয়ারিং-য়ের ভাষায় *"সেফটি ফ্যাক্টর"* বলা হয় আর অর্থনীতির ভাষায় *"ব্যালান্সড পোর্টফোলিয়ো"* বলা হয়।

মিউচ্যুয়াল ফাণ্ডে নিবেশ করার ক্ষেত্রেও এই সিদ্ধান্ত প্রযোজ্য হয়। শেয়ারে নিবেশ করার পরিবর্তে শেয়ারের পোর্টফোলিয়োতে নিবেশ করা হয়ে থাকে... যাতে ঝুঁকি অনেক কম থাকে এবং অনেক বেশী রিটার্নও পাওয়া যায়।

দুটি শেয়ারের উদাহরণ থেকে এই বিষয়টি ভালো করে বোঝা যেতে পারে। মনে করা যাক, এমন একটি শেয়ার আছে... যার শেয়ার ভ্যালু সেন্সেক্স বৃদ্ধি পাওয়ার সাথে-সাথে বৃদ্ধি পায় এবং অপর শেয়ারের ভ্যালু সেন্সেক্স বৃদ্ধির সাথে-সাথে কমে আসে। প্রথম পরিস্হিতিকে *'পোজিটিভ কোরেলেশন'* বলা হয় এবং অপর পরিস্হিতিকে *'নেগেটিভ কোরেলেশন'* বলা হয়। সেন্সেক্সের অনুপাতে শেয়ারের মূল্য বৃদ্ধিকে মাপার জন্য যে ভ্যালুর ব্যবহার করা হয়, তাকে *'বীটা'* বলা হয়। এটি আর কিছুই নয়... একটি অঙ্কিত গ্রাফ হয়, যেখানে সেন্সেক্স ভ্যালুকে একটি নির্দ্দিষ্ট মেয়াদে *'এক্স'* এক্সীসে রাখা হয় এবং *'ওয়াই'* এক্সীসে শেয়ারের দাম রাখা হয়। এই প্রকার প্রথম শেয়ারের ক্ষেত্রে পোজিটিভ

বীটা ভ্যালু হবে এবং দ্বিতীয় শেয়ারের ক্ষেত্রে নেগেটিভ বীটা ভ্যালু হবে।

মনে করুন যে, আপনি প্রথম শেয়ারে এই ভেবে নিবেশ করেছেন যে, সেন্সেক্স ওপরে উঠবে... কিন্তু সেন্সেক্স বৃদ্ধি পাওয়ার পরিবর্তে হ্রাস পেয়ে গেছে। তো সেক্ষেত্রে আপনার ক্ষতি হয়ে যাবে। এই প্রকার আপনি দ্বিতীয় শেয়ারে এই ভেবে নিবেশ করেছেন যে, সেন্সেক্স নীচের দিকে নেমে আসবে... কিন্তু সেন্সেক্স বৃদ্ধি পেতে শুরু করেছে। তো সেক্ষেত্রেও আপনার ক্ষতি হবে। কিন্তু যদি আপনি দুটিতেই নিবেশ করে থাকেন, তবে সেন্সেক্স ইণ্ডেক্স অনুসারে তার দামের পার্থক্যের অনুপাতে, আপনি হয়তো অনেক বেশী রিটার্ন পাবেন না... কিন্তু সেন্সেক্সের গতি যে দিকেই থাকুক না কেন *(নীচের দিকেই হোক্ বা ওপরের দিকে)* আপনি কিছু রিটার্ন অবশ্যই পাবেন। এই পদ্ধতি গ্রহণ করে মিউচ্যুয়াল ফাণ্ড নিজের পোর্টফোলিয়োতে শেয়ারের নির্ণয় করে। এই প্রকার তারা রিটার্নের সম্ভাবনাকে বাড়িয়ে তোলে এবং ঝুঁকি কম নিতে হয়।

এক নিবেশকারীর রূপেও এই সিদ্ধান্ত গ্রহণ করে লাভান্বিত হওয়া যেতে পারে এবং একটি শেয়ারে টাকা নিবেশের পরিবর্তে দুই-তিনটি শেয়ারে ভাগ করে নিবেশ করে ঝুঁকিকে কম করা যেতে পারে।

●●

বুঝে-শুনে মিউচ্যুয়াল ফাণ্ডে নিবেশ করুন

বাজারে বিভিন্ন মিউচ্যুয়াল ফাণ্ডের এত স্কীম আছে যে, নিবেশকারীরা এটা বুঝে উঠতে পারেন না যে, কিসে টাকা নিবেশ করবেন আর কিসে করবেন না। যদিও কয়েক বছর আগেও এই পরিস্থিতি ছিল না। সেই সময় ইউ.এস.-64 এবং ইউ.টি.আই মাস্টার শেয়ারই মিউচ্যুয়াল ফাণ্ড স্কীম ছিল এবং ইউ.টি.আই এই স্কীমগুলিকে সঞ্চালন করা করা একমাত্র মিউচ্যুয়াল ফাণ্ড ছিল। 1987 সালের ডিসেম্বর মাসে এস.বি.আই মিউচ্যুয়াল ফাণ্ড-ও এই দৌড়ে শামিল হয়ে পড়ে এবং তারপর 1993 সালের নভেম্বর মাসে মিউচ্যুয়াল ফাণ্ডের দরজা প্রাইভেট সেক্টরের জন্য খুলে দেওয়া হয়েছিল।

এই সময় প্রায় 30-টি ফাণ্ড দ্বারা প্রায় চার লক্ষ কোটি টাকার ব্যবস্থাপনা করা হচ্ছে। যেখানে এত পথ আছে, সেখানে নিবেশকারী ভুল তো করবেনই। যদি আপনি মিউচ্যুয়াল ফাণ্ডে নিবেশ করতে চান, তবে কিছু বিষয় অবশ্যই মাথায় রাখবেন।

সর্বাগ্রে নিজের নিবেশের উদ্দেশ্য ঠিক করুন। এর থেকে এটা নির্ধারিণ করতে পারবেন যে, আপনার ঠিক কোন্ ধরণের স্কীমের প্রয়োজন। আজ মিউচ্যুয়াল ফাণ্ড প্রতিটি নিবেশকারীর প্রয়োজন পূরণ করার ক্ষমতা রাখে। ইক্যুইটি এবং ব্যালন্সড স্কীম থেকে আপনি শেয়ার বাজারে অপ্রত্যক্ষ রূপে নিবেশ করার সুযোগ পান। নিবেশ এম.এফ-য়ের মাধ্যমে হলেও, শেয়ার বাজারেই নিবেশ হচ্ছে... এই কারণে এতে কিছুটা ঝুঁকি থেকেই যায়। এই কারণে আপনি নিজের বয়স এবং অর্থের দিকে তাকিয়ে তবেই ইক্যুইটি নিবেশের ব্যাপারে সিদ্ধান্ত নিন।

যদি নিবেশযোগ্য ফাণ্ডের উপযোগ আপনি কিছু দিন বাদে সম্পত্তি কিনতে বা বিবাহ ইত্যাদিতে কাজে লাগাতে চান, তবে সেটা আপনার জন্য বিপজ্জনক হতে পারে। এই প্রকার যদি আপনি সেই অর্থের উপযোগ নিজের অবসর গ্রহণের পরের প্রয়োজন পূরণ করার কাজে লাগাতে চান, তবেও সম্পূর্ণ টাকা শেয়ার বাজারে নিবেশ করার অর্থ

আত্মহত্যার সমানই হবে।

আপনি নিশ্চয়ই এটা মেনে নেবেন যে, প্রতিটি ব্যক্তির নিবেশ পোর্টফোলিয়োতে ইকুইটির নিজের উদ্দেশ্য, ভূমিকা এবং স্থান আছে। কিন্তু পরিস্থিতি বিশেষে এর গুরুত্ব বদলে যায়।

অপেক্ষাকৃত স্থির এবং লাগাতার রিটার্নের জন্য ঋণভিত্তিক স্কীম সব থেকে ভালো হয়। এই স্কীমগুলিতে যে একেবারেই ঝুঁকি থাকে না, এমনটা বলা যায়না এবং এর সাথে ক্রেডিট আর সুদের হারে ঝুঁকি থেকে যায়। সাধারণতঃ যখন সুদের হার বৃদ্ধি পায়, তখন এন.এ.বি. কমে আসে এবং সুদের হার কমলে এন.এ.বি. বৃদ্ধি পায়।

লিক্যুইড ফাণ্ডের মাধ্যমে কমর্শিয়াল পেপার, সার্টিফিকেট অফ্ ডিপোজিট ইত্যাদির মতন লিক্যুইড মার্কেট ইন্সট্রুমেন্টে নিবেশ করা যায়। এটা ঠিক যে, এই ক্ষেত্রে সুদের হারে ঝুঁকি খুব কম থাকে। একই সাথে এন.এ.বি.-তে চড়াই-উতরাইও কম থাকে।

স্বল্প মেয়াদের জন্য এই পথ ঠিক এবং দীর্ঘ মেয়াদের জন্য নিবেশ করলে সেটা লাভজনক বলে প্রমাণিত হবে না। আপনি নিজের অতিরিক্ত ফাণ্ডকে এই নিবেশ বিকল্পতে অল্প কিছু দিনের জন্য নিবেশ করতে পারেন।

ফ্লোটিং রেট ফাণ্ডের অস্তিত্ব কিছু দিন আগে ঘটেছে। এর কারণ হল, এর পোর্টফোলিয়োর 70 থেকে 100 শতাংশ অংশ এই ইন্সট্রুমেন্টে নিবেশ করা হয়, যাতে ফ্লোটিং হারে সুদ পাওয়া যায়।

ফিক্সড ম্যাচিউরিটি প্ল্যান *(এফ.এম.পি.)* ফিক্সড আয়সম্পন্ন সমস্ত মিউচ্যুয়াল ফাণ্ড ইন্সট্রুমেন্টগুলোর মধ্যে সব থেকে বেশী জনপ্রিয়। এটা হচ্ছে ক্লোজ এণ্ড উপার্জনের স্কীম আর এটার ম্যাচিউরিটির একটা নির্দ্দিষ্ট সময় থাকে। এই মেয়াদ এক মাস থেকে দু বছর বা তারও বেশী হতে পারে। সময় শেষ হলে স্কীম ম্যাচিয়োর হয়ে পড়ে। এফ.এম.পি. শেয়ারে নিবেশ করে না। এটিকে মুখ্য রূপে ঋণ বা মুদ্রা বাজারের মাধ্যমে নিবেশ করা হয়। বর্তমান সময়ে এর দ্বারা 8.5 থেকে 10 শতাংশ পর্যন্ত সুদ দেওয়া হয়ে থাকে। নিবেশকারী মিউচ্যুয়াল ফাণ্ড থেকে ভালো রিটার্ন পাওয়ার জন্য নিবেশ করে থাকেন।

যে কোন ফাণ্ডের মাধ্যমে যে রিটার্ন দেওয়া হয়, তার তুলনা আপনি বেঞ্চমার্ক ইণ্ডেক্সের সাথে করুন, যেমন ভাবে কোন শেয়ারের বৃদ্ধির তুলনা সেন্সেক্সের বৃদ্ধির সাথে করা হয়ে থাকে। একই সাথে আপনি সেই ফাণ্ডে নিবেশ করুন, যার প্রতি আপনার ভরসা আছে। বিভিন্ন রকম স্কীমে নিবেশ করুন... কিন্তু অনেক বেশী স্কীমে নিবেশ করলে তা বিপজ্জনক হতে পারে। উন্নত পদ্ধতিতে প্রস্তুত নিবেশ পোর্টফোলিয়ো সর্বদা ভালো রিটার্ন দেয়।

●●

মিউচ্যুয়াল ফাণ্ড স্কীমের নির্বাচন

কোন্ মিউচ্যুয়াল ফাণ্ড বাছবেন এবং কোন্ স্কীমে নিবেশ করবেন ? এই সমস্যা কম-বেশী সমস্ত নিবেশের ক্ষেত্রেই জড়িত থাকে। কিছু দিন আগে পর্যন্ত নিবেশকারীদের কাছে এই সম্পর্কে খুব কমই বিকল্প খোলা ছিল। সেই সময় ইউ.এস.-64 এবং ইউ.টি.আই মাস্টার শেয়ারের নামে ইউ.টি.আই-ই মিউচ্যুয়াল ফাণ্ড স্কীমগুলিকে সঞ্চালন করা করা একমাত্র ফাণ্ড ছিল। এর পরে 1987 সালের ডিসেম্বর মাসে এস.বি.আই মিউচ্যুয়াল ফাণ্ড-ও এই দৌড়ে শামিল হয়ে পড়ে এবং তারপর 1993 সালে মিউচ্যুয়াল ফাণ্ডের আধার ব্যাপক হয়ে পড়েছে আর 30-টিরও বেশী ফাণ্ড দ্বারা 500-রও বেশী স্কীম চালানো হচ্ছে।

কোন্ স্কীমে নিবেশ করা উচিত, সেটা ঠিক করার আগে আপনি নিজের প্রয়োজন এবং নিয়োগের উদ্দেশ্য বোঝার চেস্টা করুন। এর ফলে আপনি এটা ঠিক করতে পারবেন যে, কোন্ স্কীমে আপনার নিবেশ করা উচিত। আজ মিউচ্যুয়াল ফাণ্ডের দ্বারা সমস্ত রকম নিবেশকারীদের জন্য প্রয়োজনানুসারে লোভনীয় নিবেশ মাধ্যমের ব্যবস্থা করা হচ্ছে। ইক্যুইটি এবং ব্যালান্সড স্কীমগুলি শেয়ার বাজারে প্রবেশ না করেই আপনাকে শেয়ার বাজারের মাধ্যমে নিবেশ করার সুযোগ দেয়। যদিও শেয়ারে নিবেশ করার অর্থই হল ঝুঁকির মোকাবিলা করা... তবুও মিউচ্যুয়াল ফাণ্ডের মাধ্যমে আপনি সামান্য ঝুঁকি নিতেই পারেন। এজন্য নিজের প্রয়োজন, নিবেশযোগ্য সংসাধন এবং বয়স অনুসারে আপনি শেয়ারে নিবেশ করার সিদ্ধান্ত গ্রহণ করুন। যদি আপনার কাছে নিবেশের যে ব্যবস্থা আছে, তা একটি নির্দ্দিস্ট সময়ের জন্য হয় এবং আপনি যদি সেটার উপযোগ বাড়ী কেনার জন্য বা সন্তানের বিয়েতে করতে চান, তবে শেয়ারে নিবেশ করলে সেটা ঝুঁকিপূর্ণ হতে পারে। এই ভাবে যদি আপনি নিজের রিটায়ারমেন্টের পরের

প্রয়োজন মেটাবার জন্য টাকা-পয়সা একত্রিত করতে থাকেন এবং যদি সেই টাকা শেয়ারে নিবেশ করেন, তবে সেটা বিপজ্জনক হতে পারে। বর্তমানে, সকলেই একটা বিষয় মেনে নিয়েছেন যে, শেয়ারের সমস্ত রকম নিবেশের জন্য পোর্টফোলিয়োর এক আলাদা উদ্দেশ্য, ভূমিকা এবং স্থান রয়েছে। কিন্তু পরিস্থিতি অনুসারে এর প্রকৃতি বিভিন্ন রকম হতে পারে।

ঋণভিত্তিক স্কীম ঃ

যে সমস্ত ব্যক্তিরা সামান্য হলেও লাগাতার রিটার্ন চান, তাঁদের জন্য ঋণভিত্তিক স্কীমের আলাদা গুরুত্ব থাকে। এই স্কীমে যে প্রচণ্ড ঝুঁকি থাকে, এমনটা বলা যায় না। এতেও ক্রেডিট ঝুঁকি এবং সুদের হারের ঝুঁকি থাকে। যখন সুদের হার সামান্য বৃদ্ধি পায়, তখন এন.এ.বি. হ্রাস পায় এবং যখন সুদের হার কমতে থাকে, তখন এন.এ.বি. বৃদ্ধি পায়।

লিক্যুইড ফাণ্ড ঃ

এই ফাণ্ডের পোর্টফোলিয়োর এক বড় অংশ লিক্যুইড মানি মার্কেট ইন্স্ট্রুমেন্টের মত বাণিজ্যিক প্রপত্র, সার্টিফিকেট অফ ডিপোজিট ইত্যাদিতে নিবেশ করা হয়ে থাকে। এই কারণে এই সম্বন্ধিত বণ্ডটিও অল্প সময়ের জন্য হয়। এটা ঠিক যে, এতে সুদের হারের জন্য খুব কম ঝুঁকি নিতে হয়। একই সাথে এন.এ.বি.-তে চড়াই-উতরাই কম হয় এবং এই ক্ষেত্রে রিটার্নও কম হয়। এই ধরণের নিবেশ কোন ভাবেই দীর্ঘ সময়ের জন্য হয় না। এই কারণে যতক্ষন না এর সম্পর্কে স্পষ্ট ভাবে জানা যাচ্ছে, ততক্ষন পর্যন্ত আপনি নিজের টাকা এই অল্পকালীন নিবেশের ক্ষেত্রে লাগাবেন না।

ফ্লোটিং রেট ফাণ্ড ঃ

এটা নিবেশের অপেক্ষাকৃত নতুন মাধ্যম। ফ্লোটিং রেট ফাণ্ডে সুদের হারের ঝুঁকি খুব কম হয়। এর কারণ হল, এই ফাণ্ডের পোর্টফোলিয়োর 70 থেকে 100 শতাংশ অংশ এমন মাধ্যমে নিবেশ করা হয়... যাতে সুদের হার ফ্লোটিং থাকে।

মান্থলি ইন্‌কাম প্ল্যান (এম.আই.পি.) ঃ

মান্থলি ইন্‌কাম প্ল্যান আর কিছুই হয় না... এমন একটা স্কীম হয়, যার একটা অংশ *(15 থেকে 25 শতাংশ)* শেয়ারে এবং বাকীটা ঋণ বাজারে নিবেশ করা হয়ে থাকে। এই স্কীমের সব চেয়ে বড় বিশেষত্ব হল একই মাধ্যমে সম্পূর্ণ নিবেশ না হওয়ার কারণে লাভ-ক্ষতির মধ্যে সন্তুলন বজায় থাকে। যার ফলে এন.এ.বি. নীচের দিকে নেমে আসার ঝুঁকি থাকে না। কিন্তু একই সাথে এটাও লক্ষ্য রাখা প্রয়োজন যে, যদি শেয়ার বাজারে কিছু দিন ধরে মন্দা চলে এবং ঋণের বাজারে দ্রুততা না আসে, তবে অল্পমেয়াদে ক্ষতি দেখা যায়।

মিউচ্যুয়াল ফাণ্ড স্কীমগুলিতে নিবেশের আগে কিছু বিষয় মাথায় রাখা প্রয়োজন। আপনি শুধুমাত্র সেই ফাণ্ডেই নিবেশ করুন, যার ব্যবস্থাপনার ওপরে আপনার ভরসা আছে। যদিও বিভিন্ন প্রকার স্কীমে নিবেশ করা গুরুত্বপূর্ণ হয়... কিন্তু সেটার অর্থ এই নয় যে, আপনি যে কোন স্কীমে নিবেশ করে দেবেন। বাজারের পরিস্থিতি অনুসারে এক স্কীম থেকে অপর স্কীমে শিফ্‌ট করুন এবং স্কীমের বাইরে বেরিয়ে আসুন। কিন্তু যদি আপনি বিভিন্ন রকম স্কীমে নিবেশ করে থাকেন, তবে আপনাকে অসুবিধার মোকাবিলা করতে হতে পারে। নিজের নিবেশ থেকে লাভ পাওয়ার জন্য ধৈর্য্য রাখুন এবং নিজের পছন্দ অনুসারেই নিবেশ করুন।

ভালো করে পরীক্ষা করে শেয়ারে নিবেশ করুন

যদি আপনি কোন কোম্পানীর শেয়ার কিনতে চান, তবে শুধুমাত্র সেই কোম্পানীর পরিসংখ্যানের ওপরে দৃষ্টি দেবেন না। এই পরিসংখ্যান অন্তর্নিহিত বিভিন্ন প্রকার উপায়ের মাধ্যমে আকর্ষণীয় করে তোলা যেতে পারে। যদিও সর্বদাই এমনটা ঘটেনা... কিন্তু তবুও যদি আপনি অতিরিক্ত সাবধানতা অবলম্বন করেন, তবে ক্ষতির আশংকা অনেকটাই কম থাকে। আপনাকে কোম্পানীর প্রদর্শন সম্বন্ধীয় পরিসংখ্যানের সাথে-সাথে তার ব্যবস্থাপনা এবং কর্পোরেট গভর্নেন্স-য়ের ওপরেও গম্ভীর ভাবে চিন্তা-ভাবনা করে সিদ্ধান্ত নিতে হবে... কারণ বর্তমান উদার আর্থিক পরিস্থিতিতে এই বিন্দুগুলির ওপরেই কোন কোম্পানীর ভবিষ্যৎ নির্ভর করে। বর্তমানে কর্পোরেট গভর্নেন্সের রেটিং অনুষ্ঠানিক রূপে শুরু হওয়া সম্ভব হয় নি... এই কারণে এই বিষয়ে আপনাকে নিজেকেই সিদ্ধান্ত নিতে হবে।

একজন নিবেশকারী রূপে আপনার পক্ষে এটা খুবই প্রয়োজনীয় যে, আপনি যে ক্ষেত্রেই নিবেশ করুন না কেন, সেটা যেন পূর্ণ রূপে সুরক্ষিত হয় এবং সেটা যেন অন্যান্য নিবেশকারীদের কাছেও বিশ্বসনীয় হয়।

আজ বাজারে এমন অনেক কোম্পানী আছে, যাদের ভবিষ্যত অস্তিত্ব নিয়ে যথেস্ট সংশয় রয়েছে। এই কারণে নিজের পুঁজি সঠিক ভাবে ব্যবহার করার জন্য নিবেশকারীদের মধ্যে সর্বদাই দ্বিধা দেখা যায়, কারণ নিবেশের জন্য কি ভাবে সঠিক কোম্পানী নির্বাচন করবেন, সেটা তাঁরা ঠিক কর উঠতে পারেন না।

নিবেশের ভবিষ্যৎ সম্পর্কে এটা খুবই প্রয়োজনীয় হয় যে, নিবেশকারীদের যে কোন পদক্ষেপ নেওয়ার আগে তাঁদের সামনে যতগুলি

বিকল্প রয়েছে, সবগুলিকেই ভালো করে পরীক্ষা করে নেওয়া উচিত। নিবেশকারীদের নিজেদের প্রতি আকৃস্ট করে তোলার জন্য কোম্পানীগুলি নিজেদের পরিসংখ্যানকে আকর্ষণীয় করে তুলতে পারে। এজন্য এটা খুবই প্রয়োজন যে, নিবেশকারী শুধুমাত্র পরিসংখ্যান দ্বারা প্রভাবিত না হয়ে কোম্পানীর ব্যবস্হাপনা, দূরদৃস্টি এবং অন্যান্য পরিকল্পনার দিকে দৃস্টি রেখেই নিবেশ করবেন।

যদি আপনি কোন ভাঙন ধরা কোম্পানীতে নিজের পয়সা লাগান, তবে সেটা ডোবার ভয় সর্বদাই আপনার মনে থেকে যাবে। একই সাথে যদি আপনার এমনটা মনে হয় যে, কোম্পানী কোন ছলনা করছে বা কোম্পানীর ছলনা করার আশঙ্কা আছে... তবে নিজের টাকা ফেরৎ নেওয়াই বুদ্ধিমানের কাজ হবে। কোম্পানী এবং নিবেশকারীর মধ্যে বিশ্বাসের অভাবে নিবেশ ডুবে যাওয়ার ভয় থাকে। এছাড়া কোম্পানীর বাৎসরিক রিপোর্ট এবং তার পরিচালকদের সম্পর্কেও জানা প্রয়োজন। এই দুটি বস্তুই কোম্পানীর প্রতিস্ঠা এবং তার প্রদর্শনের সাথে সম্পর্কিত থাকে। যদি এই রিপোর্ট বা পরিচালকদের মধ্যে কোন ত্রুটি বা বিবাদ নজর আসে, তবে সেটি সেই কোম্পানীতে নিবেশকারীদের জন্য ক্ষতিকারক প্রমাণিত হতে পারে। এই কারণে নিবেশকারীদের নিবেশ করার আগে কোম্পানীর ব্যবস্হাপনা, প্রতিস্ঠা বা তাতে কোন বিবাদ আছে কি না... সেটা খতিয়ে দেখা উচিত।

●●

উচ্চ এন.এ.বি-তে মিউচ্যুয়াল ফাণ্ড কেনা লাভজনক হয়

মিউচ্যুয়াল ফাণ্ড নিবেশের এমন এক মাধ্যম, যার সম্বন্ধে নিবেশকারীরা সমস্যার মুখোমুখি হন। নিবেশকারীরা উচ্চ নেট এ্যাসেট ভ্যালু *(এন.এ.ভি)*-র মত স্কীমের পরিবর্তে সমমূল্য *(এ্যাট পার)*-য়ের স্কীমগুলিকে বেশী পছন্দ করেন। নিবেশকারীরা উচ্চ এন.এ.ভি-র স্কীমগুলিকে বেশী মূল্যের বলে মনে করেন। এই কারণে মিউচ্যুয়াল ফাণ্ড কোম্পানীগুলিকে আই.পি.ও. মূল্যে নতুন স্কীম আনতে হয়েছে। কিন্তু এটি সত্যি নয়। 10 টাকার এন.এ.ভি.-র তাৎপর্য এই নয় যে, মিউচ্যুয়াল ফাণ্ড স্কীম সস্তা। এই প্রকার উচ্চ এন.এ.ভি. স্কীমগুলি যে বেশী মূল্যের হবেই, তারও কোন নিশ্চয়তা নেই। অন্যান্য বস্তুর মধ্যে সমানতা থাকা সত্ত্বেও ক্ষমতার প্রদর্শনের ক্ষেত্রে উচ্চ এন.এ.ভি. সম্পন্ন স্কীমে নিবেশ করার বিষয়টিকে লাভজনক বলে মনে করা হয়।

শতাংশের পার্থক্য হচেছ মানদণ্ড ঃ

আপনি একটা বিষয় নিশ্চয়ই মেনে নেবেন যে, রিটার্ন ভবিষ্যতের আশার ওপর নির্ভর করে। অতীতে কোন কিছুই পরিবর্তন করা সম্ভব নয়, এই জন্য ভবিষ্যতই হচেছ সর্বাধিক গুরুত্বপূর্ণ। ফাণ্ড ম্যানেজারদের যোগ্যতাকে সমান হিসেবে মেনে নিলে এন.এ.ভি.-তে শতাংশের পার্থক্য একই হওয়া উচিত। যদি পোর্টফোলিয়োর বাজার মূল্যে 50 শতাংশের বৃদ্ধি হয়, তবে 10 টাকার এন.এ.ভি.-র মূল্য 15 টাকা এবং 40 টাকার এন.এ.ভি.-র মূল্য 60 টাকা হয়ে পড়বে। সংখ্যার পরিবর্তে শতাংশে হওয়া পরিবর্তনের দিকে লক্ষ্য রাখা উচিত।

এখানে আমরা এই দুটি স্কীমের মধ্যে তুলনা করছি। প্রথম স্কীমটি সমমূল্যের, যাতে এন.এ.ভি. 10 টাকা। দ্বিতীয় স্কীম উচ্চ এন.এ.ভি.-র, যাতে এন.এ.ভি. 50 টাকা। ধরুন যে, এক বছরে দুটি স্কীমের প্রদর্শন

সমান হল এবং দুটিই সমান দরে বৃদ্ধি পেল। মনে করুন, আপনি 10 লক্ষ টাকা নিবেশ করতে চান। আপনি প্রথম স্কীম বেছে নেবেন, দ্বিতীয় স্কীম? ভালো করে লক্ষ্য করলে আপনি দেখতে পাবেন যে, যে কোন স্কীমে নিবেশ করলেই আপনার লাভ একই থাকবে। কারণ দুটি স্কীমের শতাংশ একই হারে বৃদ্ধি পেয়েছে। একটি স্কীমের এন.এ.ভি. সমমূল্যের... কিন্তু অন্যটির এন.এ.ভি. পাঁচ গুণ বেশী।

বস্তুতঃ, আগে থেকে মজুদ স্কীমের একটা সুবিধা হল এই যে, তার সাথে প্রদর্শিত ক্ষমতা যুক্ত হয়ে থাকে। যদিও সমস্ত এম.এফ. স্কীমগুলিতে অফার ডক্যুমেন্টে বিধিসম্মত সতর্কীকরণ দেওয়া হয়ে থাকে যে, এখন যা দেখা যাচ্ছে... ভবিষ্যতেও যে এই রিটার্নই দেওয়া হবে, তার কোন গ্যারান্টি নেই। কিন্তু বুদ্ধিমান নিবেশকারী এটা খুব ভালো করেই জানেন যে, আর্থিক বাজারের ইতিহাসকে উপেক্ষা করার অর্থ আত্মহত্যারই মত হয়।

উচ্চ এন.এ.ভি. সীমাহীন হয় ঃ

উচ্চ এন.এ.ভি.-র স্কীমগুলির সম্পর্কে লোকেরা মনে করে যে, স্কীম নিজের সর্বোচ্চ স্তরে পৌঁছে গেছে। এর থেকে এই নিস্কর্ষ বেরোয় যে, সমমূল্যের থেকে কম মূল্যের স্কীমগুলির উন্নততর প্রদর্শন এখনই হওয়া উচিত এবং সেটি সেই স্কীমকে ক্রয়যোগ্য করে তোলার সংকেত দেয়। কিন্তু এমনটা সত্য নয়... উচ্চ এন.এ.ভি.-র স্কীমের সাথে এই চিন্তা যুক্ত থাকে যে, এই স্কীমের পোর্টফোলিয়োতে যে স্টক থাকে, সেটার ওপরের দিকে যাওয়ার সম্ভাবনা সীমিত থাকে। বাস্তবিকতা হচ্ছে এটা যে, এম.এফ. পোর্টফোলিয়ো গতিশীল প্রবৃত্তির হয়। সময় এবং পরিস্থিতি অনুসারে পোর্টফোলিয়ো সম্পর্কিত নির্ণয় নেওয়া হয়। এম.এফ. স্কীমগুলিতে তিন মাসের প্রদর্শন দেখলে এই ব্যাপারের পুষ্টি হয়ে পড়ে।

পরিসংখ্যান ভিত্তিক নির্ণয় ঃ

সেবি দ্বারা কাজে পারদর্শিতা নিয়ে আসার ওপরে জোর দেওয়ার কারণে অধিকাংশ এম.এফ. স্কীমগুলি নিজেদের নিবেশকারীদের তিন মাসের রিপোর্ট পাঠিয়ে থাকে। কেউ-কেউ নিবেশকারীদের মাসিক

রিপোর্টও পাঠিয়ে থাকে। এতে নিবেশকারীদের বর্তমান পোর্টফোলিয়োর ভিত্তিতে স্কীমের ভবিষ্যৎ সম্পর্কে নির্ণয় নেওয়ার ক্ষেত্রে সহায়তা প্রাপ্ত হয়। আপনি স্কীম ছেড়ে বেরিয়ে আসার ব্যাপারেও নির্ণয় নিতে পারেন। পরিসংখ্যানের ভিত্তিতে নির্ণয়ের সুবিধা বর্তমান স্কীমগুলির ক্ষেত্রেই সম্ভব। সমমূল্যের স্কীমের ক্ষেত্রে সংখ্যার বিষয়ে লাভ পাওয়া সম্ভব হয় না।

এম.এফ. স্কীমগুলি থেকে অধিকতর লাভ প্রাপ্তিকে সুনিশ্চিত করার জন্য ছোট-ছোট ভুলের হাত থেকে বাঁচতে হবে। এফ.এম., আই.পি.ও., বিশেষ করে ডাইভার্সিফায়েড ইক্যুইটি স্কীমে আই.পি.ও. নতুন বোতলে পোরা পুরোন মদের সমান হয়। নতুন নামের সঙ্গে স্কীম ব্যবস্থাপনার কোন সমপর্কই থাকে না। এম.এফ. স্কীম থেকে বেশী লাভ পাওয়ার জন্য আপনাকে বিগত তিন থেকে পাঁচ বছরের মধ্যে লাগাতার রিটার্ন প্রদানকারী বিভিন্ন স্কীম থেকে সঠিক স্কীম বেছে নেওয়াটাই উচিত হবে। মিউচ্যুয়াল ফাণ্ডের বিষয়েও এমনটাই বলা যেতে পারে – "Old is Gold!"

●●

ইক্যুইটিতে নিবেশের সব চেয়ে ভালো মাধ্যম হল এস.আই.পি.

যে সমস্ত ব্যক্তি শেয়ারে টাকা খাটাতে চান, তাঁদের কাছে শেয়ার বাজারে পা রাখার সঠিক সময় কোন্টা, সেটা এক বিশাল প্রশ্ন। সূচক যখন নীচের দিকে নেে আসতে থাকে, তখন মনে হয় যে, এটা নিম্ন স্তরে রয়েছে এবং আরও নীচের দিকে নেমে আসতে পারে। আবার সূচক যখন একটা ভালো স্তরে থাকে, তখন শেয়ার বাজারের সেই মজবুত সময়ে এমনটা মনে হয় যে, এই অবস্থা দীর্ঘ সময় পর্যন্ত নাও থাকতে পারে। কেউ-ই জানেন না যে, কখন সেই উচ্চ গতি শেষ হয়ে পড়বে এবং বাজারে মন্দা দেখা দেবে। যদি বার-বার এই প্রশ্নের সম্মুখীন হতে হয়, তবে নিবেশের পক্ষে কোন সময়কেই অনুকূল বলে মনে করা হয় না।

সাধারণতঃ এটা দেখা গেছে যে, বাজারের মন্দা অবস্থার থেকে উন্নত অবস্থায় নিবেশকারীরা বাজারে পা রাখতে বেশী পছন্দ করেন। শেয়ারের দাম যখন মজবুত হয়, তখন অর্থ নিবেশ করাকে ভালো বলে মনে করা হয়। কিন্তু এর পেছনে বিশেষ কোন যুক্তি নেই। প্রকৃত পক্ষে, কখন অর্থ নিবেশ করা উচিত, সে সম্পর্কে কোন নির্দিষ্ট নিয়ম নেই এবং এমন কোন সিদ্ধান্তও নেই যেটার সফলতার নিশ্চয়তা রয়েছে। যে কোন সময় নিবেশ করার আগে কিছু বিষয় মাথায় রাখা প্রয়োজন। এমন অনেক সুযোগ আসে, যখন নিবেশকারী কম দামে শেয়ার কিনে বেশী দামে বিক্রী করতে সফল হয়ে পড়েন। কিন্তু এটা ভাগ্যের ব্যাপারহয়... এমনটা যে নিবেশকারীর কোন কুশলতার কারণে সম্ভব হয়, তা নয়।

এর অর্থ এটা মনে করা উচিত নয় যে, এই সমস্যার কোন সমাধান

নেই এবং শেয়ার বাজারে নিবেশ ভাগ্যের ওপর নির্ভর করে। ধরুন, আপনি ইক্যুইটিভিত্তিক স্কীমে নিবেশ করতে চান। এর অর্থ হল এই যে, আপনি এই ব্যাপারে যথেষ্ট ওয়াকিবহাল যে, দীর্ঘমেয়াদী রিটার্নের ক্ষেত্রে ইক্যুইটি অন্যান্য নিবেশ মাধ্যমগুলিকে পেছনে ফেলে দিয়েছে। এজন্য শেয়ার বাজারে সূচকের দিকে বিশেষ দৃষ্টি না দিয়ে লাগাতার ব্যবস্থিত রূপে নিবেশ করুন। সূচকের দিকে দৃষ্টি না দিয়ে লাগাতার নিবেশকে *'রুপী কস্ট এ্যাভারেজিং'* বলা হয়ে থাকে।

সিস্টেমেটিক ইন্‌ভেস্টমেন্ট প্ল্যান *(এস.আই.পি.)* ঃ

মিউচ্যুয়াল ফাণ্ডের ক্ষেত্রে রুপী কস্ট এ্যাভারেজিং-য়ের রণনীতিকে সিস্টেমেটিক ইন্‌ভেস্টমেন্ট প্ল্যান *(এস.আই.পি.)*-য়ের সাহায্যে ব্যবহার করা হয়ে থাকে। যদিও মিউচ্যুয়াল ফাণ্ডের সমস্ত রকম স্কীমের ওপর এস.আই.পি. পাওয়া যায়... কিন্তু ইক্যুইটি স্কীমের ব্যাপারে এটি অনেক বেশী প্রভাব সৃষ্টি করে। এস.আই.পি.-র মাধ্যমে মন্দাকালীন অবস্থায় আপনি বেশী ইউনিট কেনার এবং দ্রুতগতি অবস্থায় আপনি কম ইউনিট কেনার সুযোগ পান। এই প্রকার আপনি আনুপাতিক ক্রয় মূল্যে নিবেশ করতে পারেন।

এস.আই.পি.-র কার্য প্রণালী ঃ

সাধারণতঃ নিবেশকারীরা যে কোন স্কীমের চলমান এন.এ.ভি.-তে এক মুঠো টাকা নিবেশ করে থাকেন। সম্পূর্ণ টাকাটি একই সাথে নিবেশ করতে হয়। যদিও এস.আই.পি.-র ক্ষেত্রে নিবেশকারীকে পূর্ব নিধারিত রাশির নিবেশ একটা নির্দ্দিষ্ট সময় পরে-পরে করে যেতে হয়। রুপী কস্ট এ্যাভারেজিং অনুসারে নিবেশকারী দাম কম থাকাকালীন বেশী ইউনিট কেনার সুযোগ পান এবং দাম বেশী থাকাকালীন কম ইউনিট কেনার সুযোগ পান। এন.এ.ভি.-র স্তর যাই হোক্ না কেন, প্রত্যেক মাসে একটা নির্দ্দিষ্ট পরিমাণ অর্থ নিবেশ করতেই হয়। কখনো কম, তো কখনো বেশী ইউনিট বন্টন করা হয়ে থাকে। যদি নিবেশকারী মন্দাবস্থায় বেশী নিবেশ করেন, তবে রুপী কস্ট এ্যাভারেজিং-য়ের

রণনীতি আরও বেশী লাভদায়ক বলে প্রমাণিত হতে পারে। এতে আনুপাতিক খরচ কম হবে... যার ফলে রিটার্নে বৃদ্ধি আসবে।

বেশীর ভাগ মিউচ্যুয়াল ফাণ্ড 500 টাকা নিবেশ করলে এস.আই.পি.-তে নিয়োগের সুবিধা প্রদান করে। এর ফলে ছোট নিবেশকারীরা সহজেই নিবেশ করতে পারেন। স্কীম নেওয়ার আগে নিবেশকারীকে এটা ঠিক করতে হয় যে, কত টাকা নিবেশ করা হবে বা কত সময় পরে-পরে নিবেশ করা হবে *(মাসিক বা তিন মাস অন্তর)* ? এটা ঠিক করার পর নিবেশকারী মিউচ্যুয়াল ফাণ্ডকে পোস্টডেটেড চেক্ দিয়ে দেন। মাসিক ভিত্তিতে নিবেশ করলে সেটা অনেক বেশী কার্যকরী প্রমাণিত হয়... কারণ এটি তিন মাস অন্তর নিবেশের তুলনায় বাজারের চড়াই-উতরাই দ্বারা লাভ ওঠানোর তিন গুণ বেশী সুযোগ প্রদান করে। এস.আই.পি.-তে কোন লক্-ইন পিরীয়ড নেই। আপনি যে কোন সময় এস.আই.পি.-কে স্থগিত করতে পারেন। মিউচ্যুয়াল ফাণ্ডের মাধ্যমে আপনার অবশিষ্ট চেক্ ফেরত পারেন। এস.আই.পি. স্কীমের জন্য মিউচ্যুয়াল ফাণ্ড কোন এন্ট্রী লোড নেয় না। এটা মাথায় রাখবেন যে, এস.আই.পি. দীর্ঘমেয়াদী নিবেশকারীদের পক্ষে অনেক বেশী লাভদায়ক প্রমাণিত হয়। যাঁরা বেতনের মাধ্যমে উপার্জন করে থাকেন, তাঁদের জন্যও এস.আই.পি. লাভজনক প্রমাণিত হতে পারে। শেয়ার বাজারে নিবেশ করতে ইচ্ছুক... কিন্তু বাজারে সম্পর্কে ততটা ওয়াকিবহাল না থাকা লোকেদের পক্ষে এস.আই.পি. উন্নততর বিকল্প প্রমাণিত হতে পারে।

●●

কি ভাবে মিউচ্যুয়াল ফাণ্ড প্ল্যানের সন্ধান করবেন ?

মিউচ্যুয়াল ফাণ্ডে নিবেশ অপেক্ষাকৃত কম ঝুঁকির বলে মনে করা হয়ে থাকে। কিন্তু তা সত্ত্বেও এতে পয়সা লাগালে যে ক্ষতি হবে না... এমনটাও গ্যারান্টী দিয়ে বলা যায় না। যদি আপনি শুধুমাত্র এই ভেবে মিউচ্যুয়াল ফাণ্ডে নিবেশ করতে চান যে, তার শুদ্ধ পরিসম্পত্তি মূল্য (এ.এন.ভি.) অঙ্কিত মূল্যের থেকে কম... তবে আপনি ভুল করছেন। এই পরিকল্পনার পোর্টফোলিয়োতে অন্তর্ভুক্ত কোম্পানীগুলোর কারণে আপনার নিবেশ লাভজনক নাও হতে পারে। কিছু মিউচ্যুয়াল ফাণ্ড নিজেদের পরিকল্পনাগুলিকে এমন সময় বাজারে নিয়ে আসে, যখন বাজার সর্বোচ্চ শিখরে থাকে। এই সময়ে পরিকল্পনার একটা ইউনিট ফেস ভ্যালুতে বিক্রী হতে থাকে। পরিকল্পনাটি ভালো হতেই পারে... কিন্তু বাজারে মন্দা দেখা দিলে পরিকল্পনার এন.এ.ভি. নীচের দিকে নেমে আসে এবং আপনি হাত কামড়াতে শুরু করেন।

মিউচ্যুয়াল ফাণ্ডের ক্ষতিকারক চক্রব্যুহ থেকে বাঁচার কিছু উপায় হল ঃ-

যে পরিকল্পনায় নিবেশ লোকসানজনক... তাতে আরও বেশী করে নিবেশ করুন ঃ

ধরুন, আপনি মিউচ্যুয়াল ফাণ্ডের কোন পরিকল্পনায় টাকা নিবেশ করেছেন এবং তার এন.এ.ভি. কমে গেছে। কস্ট এ্যাভারেজিং মেথড দ্বারা লোকসান কমাতে এবং লাভ করার জন্য আপনাকে সেই পরিকল্পনায় আবার টাকা খাটানো উচিত। একটা উদাহরণ গ্রহণ করা যাক ঃ মনে করুন যে, আপনি ইউ.টি.আই.-য়ের লার্জ ক্যাপ ফাণ্ডের ইউনিটে 10 হাজার টাকা নিবেশ করেছেন। নিবেশ করার সময় ফাণ্ডের এন.এ.ভি. 10 টাকা ছিল এবং পরে তা কমে 8 টাকা হয়ে গেছে। বিশেষজ্ঞদের মতানুসারে আপনার 8 টাকা হিসাবে 10 হাজার টাকা *(যতটা বেশী সম্ভব)* আবার এই স্কীমে নিবেশ করা উচিত। এই কাজ করতে পারলে আপনার দ্বারা ক্রয় করা ইউনিটের আনুপাতিক মূল্য

হবে 4.44 টাকা। এখন যদি স্কীমের এন.এ.ভি. বৃদ্ধি পেয়ে 9 টাকা হয়ে পড়ে, তবে আপনি লাভবান হবেন।

বাজারের গতির দিকে লক্ষ্য রেখে অন্য পরিকল্পনায় স্যুইচ ওভার করুন ঃ

অর্থব্যবস্হার প্রতি দৃষ্টি রেখে মিউচ্যুয়াল ফাণ্ডের বিভিন্ন পরিকল্পনার আকর্ষণে চড়াই-উতরাই লক্ষ্য করা যায়। যদি আপনার দ্বারা নিবেশ করা পরিকল্পনার এন.এ.ভি. বৃদ্ধি না পায়, তবে আপনি অন্য কোন পরিকল্পনায় স্যুইচ ওভার করতে পারেন। এর জন্য বিশেষজ্ঞের পরামর্শ নিন।

মনে করুন যে, আপনি আই.সি.আই.সি.আই.-য়ের টেক্‌নোলোজি ফাণ্ডে টাকা নিবেশ করেছেন এবং তার এন.এ.ভি. বৃদ্ধি পাওয়ার কোন সম্ভাবনাই দেখা যাচেছ না। আপনি ইচছা করলে বাজারের গতির দিকে লক্ষ্য রেখে আই.সি.আই.সি.আই.-য়েরই দ্বিতীয় পরিকল্পনা এফ.এম.জি.জি. ফাণ্ডে স্যুইচ ওভার করতে পারেন। স্যুইচ ওভারের সর্বাধিক লাভ এটা হয় যে, পরিকল্পনা থেকে বেরিয়ে আসার সময় আপনাকে এক্জিট লোড দিতে হয় না।

স্যুইচ ওভার করার সময় নিজের রিস্ক প্রোফাইল এবং প্রয়োজনকে উপেক্ষা করবেন না। উদাহরণস্বরূপ, গভর্ণমেন্ট সিকিউরিটি ফাণ্ড থেকে পেট্রো ফাণ্ডে স্যুইচ ওভার আপনার রিস্ক প্রোফাইলের বিপরীত হতে পারে। কারণ জি-সেক ফাণ্ডে রিস্ক প্রায় নেই বললেই চলে... অন্য দিকে পেট্রো ফাণ্ড হাই রিস্ক ফাণ্ড হয়।

লাভাংশের লোভে নিবেশ করার থেকে দূরে থাকুন

সাধারণতঃ মিউচ্যুয়াল ফাণ্ড সংস্হা কোন পরিকল্পনায় নিবেশকারীদের জন্য লাভাংশের ঘোষণা করার সময় একটা কাট অফ্ ডেট তৈরী করে এবং কাট অফ্ ডেট পর্যন্ত যে সমস্ত নিবেশকারীরা নিবেশ করে থাকেন... তাঁদের সকলকেই লাভাংশ প্রদান করে। মিউচ্যুয়াল ফাণ্ডের চক্রব্যুহে ফাঁসার জন্য এটা একটা ফাঁদ হহয়। লাভাংশের লোভে ফাঁসবেন না। নিবেশ করার আগে অবশ্যই ফাণ্ডের পোর্টফোলিয়ো পরীক্ষা করুন।

●●

ইক্যুইটি ভিত্তিক স্কীমে নিবেশ লাভজনক হয়

সুদের হার এবং ফিক্সড ইনকাম ইন্সট্রুমেন্টের দামের মধ্যে বিপরীত সম্পর্ক থাকে। অর্থব্যবস্থায় যখন সুদের হারে স্বাভাবিক রূপে পরিবর্তন আসে, তখন যে সমস্ত ইন্সট্রুমেন্ট নিশ্চিত রূপে উপার্জন করে থাকে, তাদের দামে ঘাটতি দেখা যায় এবং সুদের হার কম থাকার পরিস্থিতিতে ইন্সট্রুমেন্টের দাম বৃদ্ধি পায়। বাজারে চলতে থাকা দাম অনুসারে পোর্টফোলিয়োকে আপডেট করাকে মার্ক টু মার্কেট বলা হয়ে থাকে।

উদাহরণস্বরূপ মনে করুন যে, মিউচ্যুয়াল ফাণ্ডের বর্তমান এন.এ.ভি. 10 টাকা এবং সম্পূর্ণ ফাণ্ড 1000 কোটি টাকার। এর অর্থ হচ্ছে এই যে, যদি ফাণ্ড স্কীমের সম্পূর্ণ সম্পত্তি বিক্রী করে দেয় এবং সেই অর্থ যদি ইউনিট হোল্ডারের মধ্যে ভাগ করে দেয়, তবে তাঁরা প্রতি ইউনিটের হিসাবে 10 টাকা পাবেন। এখন মনে করুন যে, সুদের হার 6 থেকে কমে 5.4 শতাংশ হয়ে গেছে। আপনি খুব তাড়াতাড়ি স্কীমে এক লক্ষ টাকা নিবেশ করতে চাইবেন। মনে করুন, ফাণ্ডের সম্পূর্ণ রাশি 6 শতাংশের হিসাবে নিবেশ করা হয়েছে। যদি ফাণ্ড 10 টাকার বর্তমান এন.এ.ভি.-তে ইউনিট বিক্রী করে, তবে আপনাকে 10,000 ইউনিট আবন্টিত করা হবে। এতে আপনার অনেক বেশী লাভ হবে। 6 শতাংশের উচ্চ দরের লাভে আপনার অংশীদারী হবে... যদিও ফাণ্ড আপনার এক লাখ টাকার নিবেশকে 5.4 শতাংশের কম দরেই নিবেশ করার জন্য বাধ্য হবে। এই ভাবে যখন সুদের দরে ঘাটতি আসে, তখন এন.এ.ভি. বৃদ্ধি পায় এবং সুদের হার বাড়লে এন.এ.ভি. কমে যায়।

বৈকল্পিক নিবেশের পথ ঃ

মিউচ্যুয়াল ফাণ্ড স্কীমে ইক্যুইটি-ভিত্তিক ফাণ্ডে নিবেশ করা ভালো

হয়। এর কারণগুলি হল ঃ

01. নিবেশকারীকে প্রাপ্ত লাভাংশের জন্য কর দিতে হয় না।

02. এম.এফ. স্কীমের দ্বারা ডিভিডেণ্ড ডিস্ট্রিবিউশন করের পেমেন্ট জরুরী নয়।

03. দীর্ঘমেয়াদী পুঁজিগত লাভ করের থাকে রেহাই।

04. দশ শতাংশ ছাড়ের ওপর অল্পমেয়াদী পুঁজিগত লাভ কর।

ইক্যুইটি ভিত্তিক ফাণ্ডের একমাত্র দুর্বলতা হল এই যে, এতে প্রচুর ঝুঁকি থাকে। ইক্যুইটি ভিত্তিক স্কীমের ভবিষ্যৎ বাজারের সাথে গভীর সম্পর্ক থাকে। বাজার দর অনুসারে এর দর পরিবর্তিত হয়। এর মাধ্যমে ভালো লাভ করা যায় বটে... কিন্তু লোকসান হওয়ার সম্ভাবনাকেও একেবারে উড়িয়ে দেওয়া যায় না। যদিও ভালো প্রদর্শনকারী ডাইভার্সিফায়েড ইক্যুইটি স্কীমে নিবেশে ঝুঁকি অনেক কম থাকে।

●●

বেসিক মাথায় রেখে নিবেশ করুন

প্রতিটি বাজারের মত শেয়ার বাজারেও সফল হওয়ার মূল মন্ত্র হল – কম দামে কিনে বেশী দামে বিক্রী। যদিও, শেয়ার বাজারের ব্যাপারে এমনটা ভাবা যতটা সহজ বলে মনে হয়, এমনটা কাজে করে দেখানো ঠিক ততটাই মুশ্কিল। এর কারণ খুবই সাধারণ। কারণ এর সাথে মানুষের স্বভাবের সামান্যতম মিল নেই। যখন সূচক ওপরের দিকে থাকে, তখন নিবেশকারীদের মনে খুশীর জোয়ার আসে এবং তাঁরাও অংশ গ্রহণের জন্য আগ্রহী হয়ে ওঠেন। তাঁরা শেয়ার বাজারে নিবেশ করেন এবং নিয়ম বিরুদ্ধ কাজ করেন। যখন গতি থেমে যায়, তখন শেয়ারের দাম কমতে থাকে এবং শেয়ার বাজারে সংকট দেখা দিলে লোকেরা শেয়ার বিক্রী করার চেস্টা করে। এই ভাবে, শেয়ার বাজারে নিবেশ করার দ্বিতীয় মন্ত্রটিও খণ্ডিত হয়। নিবেশকারীদের যা করা উচিত, সেটা না করে তাঁরা বিপরীত কাজ করেন এবং বেশী দামে শেয়ার কিনে কম দামে বিক্রী করেন। এই চক্র ততক্ষন পর্যন্ত চলতে থাকে... যতক্ষন পর্যন্ত নিবেশকারী এর থেকে বেরিয়ে আসার জন্য চেস্টা না করেন।

আংশিক লাভ গ্রহণ করুন ঃ

শেয়ার বেশী দামে বিক্রী করা এবং কম দামে কেনার ব্যাপারটা অসম্ভব বলে মনে হয়। এই কারণে সব থেকে ভালো হয়, যদি শেয়ারগুলির ঠিকঠাক দাম পেলে সামান্য লাভ গ্রহণ করে বিক্রী করা যায়। এটাকে অন্য ভাবে দেখা যাক – পোর্টফোলিয়োর একটা অংশ ইক্যুইটি এবং অপর ভাগ ফিক্সড ইন্‌কাম বিকল্পের হওয়া উচিত। এর অনুপাত এমনটাও হতে পারে – 60 শতাংশ ইক্যুইটিতে নিবেশ এবং 40 শতাংশ ফিক্সড ইন্‌কামে নিবেশ। নিবেশকারীর বর্তমান বাজার দরের ওপর নির্ভর করে এই অনুপাত ঠিক করা উচিত। কারণ

পোর্টফোলিয়োতে ইক্যুইটি নিবেশের ওজন বৃদ্ধি পেয়েছে। এই কারণে ডেট নিবেশের শতকরা হার কমে গেছে। ঝুঁকির অনুপাতকে 60-40-য়ের মধ্যে রাখার জন্য ইক্যুইটি থেকে সামান্য বিক্রী করে ক্যাশ বা অল্পমেয়াদী ডেটে নিবেশ করা যেতে পারে।

অপ্রত্যক্ষ রূপে আপনি দেখবেন যে, এই ভাবে আপনি কম-বেশী লাভ প্রাপ্ত করে বিক্রী করেছেন। লাভাংশ পাওয়ার সময় এই বিষয়টি মাথায় রাখবেন যে, ইক্যুইটি এবং ইক্যুইটি ভিত্তিক ফাণ্ডে দীর্ঘ সময়ের জন্য নিবেশ করলে কোন কর দিতে হয় না। কিন্তু, ক্রয় করার এক বছরের মধ্যে বিক্রী করলে 10 শতাংশ হারে অল্পমেয়াদী পুঁজিগত লাভ কর দিতে হয়। এছাড়া, বিক্রী করার সময় আরও একটি কর – সিক্যুরিটিজ ট্রাঞ্জাকশান ট্যাক্স *(এস.টি.টি)*-র দিকেও নজর দেওয়া উচিত। মান্যতাপ্রাপ্ত স্টক এক্সচেঞ্জের পরিবর্তে বাজারের বাহিরে শেয়ারের লেনদেন করা হলে এস.টি.টি. থেকে রেহাই পাওয়া যায় না।

●●

মিউচ্যুয়াল ফাণ্ড লাভাংশ বিতরণ কর প্রদান করে

মিউচ্যুয়াল ফাণ্ডে নিবেশকারীগণ সাধারণতঃ লাভাংশ এবং পুঁজিগত আয় – দু দিক থেকেই লাভবান হন। দুটি উৎস থেকে পাওয়া আয়ের ওপর আলাদা-আলাদা কর এবং টি.ডি.এস. প্রযোজ্য হয়। আসুন দেখা যাক যে, নিবেশকারীরা যে লাভ পান, তার ওপরে কি ভাবে কর দিতে হয় ?

01) লাভাংশের ওপর কর ঃ

মিউচ্যুয়াল ফাণ্ড স্কীমের নিবেশ থেকে প্রাপ্ত লাভাংশ ইউনিট ধারকের হাতে করমুক্ত হয়। যদিও অ-শেয়ার ভিত্তিক মিউচ্যুয়াল ফাণ্ড শেয়ারগুলিকেও লাভাংশ বিতরণের উপর 14.025 শতাংশ কর দিতে হয়... কিন্তু এই কর মিউচ্যুয়াল ফাণ্ড ইউনিট ধারকের বদলে সরাসরি পেমেন্ট করে

02) পুঁজিগত লাভের ওপর কর ঃ

03) দীর্ঘকালীন পুঁজিগত লাভ ঃ

ক) শেয়ার ভিত্তিক ফাণ্ডের ইউনিটের ওপর ঃ এই স্কীম থেকে প্রাপ্ত দীর্ঘমেয়াদী লাভ আয়কর নিয়মের ধারা 10(38) অনুসারে করমুক্ত হয়। কিন্তু এর জন্য 2004 সালের 1-লা অক্টোবর বা তারপর লেনদেন হতে হবে এবং তার থেকে প্রাপ্ত পুঁজিগত লাভের ওপর সিকিউরিটিজ ট্রাঞ্জাকশন কর *(এস.টি.টি.)* প্রযোজ্য ,হয়। কিন্তু লক্ষ্য করার মত বিষয় হচ্ছে এটা যে, এই দিনই আর্থিক অধিনিয়ম *(সংখ্যা 2)*-য়ের আটান্ন অধ্যায় লাগু হয়েছিল। শেয়ারভিত্তিক মিউচ্যুয়াল ফাণ্ড স্কীম নিবেশযোগ্য কোষের অর্ধেকের বেশী ঘরোয়া কোম্পানীগুলির শেয়ারে নিবেশ করে।

খ) অ-শেয়ার ভিত্তিক ফাণ্ডের ইউনিটের ওপর ঃ এই ইউনিটগুলিকে 12 মাস পরে বিক্রী করলে যে লাভাংশ পাওয়া যায়, তার ওপর ইণ্ডেকশনের সঙ্গে 20 শতাংশ হারে কর প্রযোজ্য হয়। যদিও, ইণ্ডেকশনের আগে অর্জিত দীর্ঘমেয়াদী পুঁজিগত লাভ কর যদি পুঁজিগত লাভের থেকে 10 শতাংশ অধিক হয়, তবে ইউনিট ধারককে বেশী কর দিতে হবে না। একক নিবেশকারী বা অবিভাজিত হিন্দু পরিবারের উপার্জন *(দীর্ঘমেয়াদী পুঁজিগত লাভ বাদ দিয়ে)* বুনিয়াদী কর ছাড় সীমার থেকে কম হলে দীর্ঘমেয়াদী পুঁজিগত লাভ কমিয়ে এই হ্রাসকে সম্পূর্ণ করা হয় এবং বাকী দীর্ঘমেয়াদী পুঁজিগত লাভের ওপর 20 বা 10 শতাংশ হারে কর প্রযোজ্য হয়।

অ-কর্পোরেট ইউনিট ধারকের মোট আয় 10,00,000 টাকার বেশী হলে দীর্ঘমেয়াদী পুঁজিগত লাভের ক্ষেত্রে 10 শতাংশ সারচার্জও প্রযোজ্য হয়। কর্পোরেট ইউনিট ধারক এবং ফার্মগুলিকে যে কোন অবস্থায় পুঁজিগত লাভের ওপর 10 শতাংশ সারচার্জ দিতে হয়, তার উপার্জন যাই হোক্ না কেন। এছাড়া পুঁজিগত লাভের ওপর যে কর দেওয়া হয়ে থাকে, তার ওপর 10 শতাংশ সারচার্জ সমেত দুই শতাংশ শিক্ষা অধিভারও প্রযোজ্য হয়।

04) অল্পমেয়াদী পুঁজিগত লাভ ঃ

01) শেয়ার ভিত্তিক ফাণ্ডের ইউনিটের ওপর ঃ এই স্কীম থেকে প্রাপ্ত অল্পমেয়াদী পুঁজিগত লাভের ওপর আয়কর অধিনিয়মের ধারা 111-এ অনুসারে 10 শতাংশ হারে কর প্রযোজ্য হয়ে থাকে। একক নিবেশকারী বা অবিভাজিত হিন্দু পরিবারের উপার্জন *(অল্পমেয়াদী পুঁজিগত লাভ বাদ দিয়ে)* বুনিয়াদী কর ছাড় সীমার থেকে কম হলে অল্পমেয়াদী পুঁজিগত লাভ হ্রাস করে এই অভাবকে পূরণ করা হয় এবং বাকী অল্পমেয়াদী পুঁজিগত লাভের ওপর 10 শতাংশ হারে কর প্রযোজ্য হয়। এতেও সেই একই সরচার্জ এবং শিক্ষা অধিভার প্রযোজ্য হয়, যা দীর্ঘমেয়াদী পুঁজিগত লাভের ক্ষেত্রেও হয়ে থাকে।

02) অ-শেয়ার ভিত্তিক ফাণ্ডের ইউনিটের ওপর ঃ অ-শেয়ার ভিত্তিক ফাণ্ডের ইউনিটগুলিকে 12 মাস পর বিক্রী করলে যে লাভ পাওয়া যায়, তাতে যে কর নির্ধারিত করা হয়... সেটা মোট আয়ের সাথে যুক্ত করে দেওয়া হয় এবং এর ওপর আয়কর অধিনিয়মে বর্ণিত স্ল্যাবের ভিত্তিতে কর প্রযোজ্য হয়।

সিকিউরিটিজ ট্রাঞ্জাকশন ট্যাক্স ঃ আর্থিক নিয়ম, 2005 অনুসারে শেয়ার ভিত্তিক মিউচ্যুয়াল ফাণ্ড স্কীমের ইউনিট বিক্রী করলে ইউনিট ধারককে 0.20 শতাংশ সিক্যুরিটিজ ট্রাঞ্জাকশন ট্যাক্স দিতে হয়।

পুঁজিগত লাভের ওপর টি.ডি.এস. ঃ

ঘরোয়া ইউনিট ধারক ঃ আয়কর নিয়ম অনুসারে পুঁজিগত লাভ থেকে যে আয় প্রাপ্ত হয় তার জন্য কোন টি.ডি.এস. দিতে হয় না।

প্রবাসী ভারতীয় ইউনিট ধারক ঃ এনারা দীর্ঘমেয়াদী ইউনিটের বিক্রী করে যে পুঁজিগত লাভ পান *(আয়কর নিয়মের ধারা 10 (38) অনুসারে শেয়ার ভিত্তিক মিউচ্যুয়াল ফাণ্ড ইউনিট থেকে প্রাপ্ত কর ছাড় যোগ্য দীর্ঘমেয়াদী পুঁজিগত লাভ বাদ দিয়ে)*, তার ওপর 20 শতাংশ হারে আয়কর দিতে হয়।

দ্বিপাক্ষিক কর প্রদান পরিবর্জন সন্ধি ঃ

কেন্দ্রীয় প্রত্যক্ষ কর বোর্ড দ্বারা 1995 সালের 30-শে অক্টোবর যে নিয়ম প্রয়োগ করা হয়েছে, সেই অনুসারে যদি কোন প্রবাসী ভারতীয় এমন কোন দেশের নাগরিক হন... যে দেশের সঙ্গে ভারতের দ্বিপাক্ষিক কর প্রদান পরিবর্জন সন্ধি রয়েছে, তবে তাঁদের আয়কর নিয়মের 195 ধারার অন্তর্গত টি.ডি.এস. দিতে হয়।

●●

আই.পি.ও-তে নিবেশ করার আগে কিছু তথ্য জেনে নিন

অনেক সময় ভালো শেয়ার নির্বাচন করাটা খুবই মুশ্কিলের কাজ হয়ে দাঁড়ায়। প্রথম বার শেয়ার বাজারে নিবেশ করার আগে ভালোমতন হোমওয়ার্ক করাটা অত্যন্ত প্রয়োজন হয়ে পড়েছে। কিন্তু যে সমস্ত লোকের কাছে সময় নেই, তাঁদের কাছে এটা খুবই কঠিন কাজ। এই ধরণের লোকেদের জন্য এমন পরামর্শ দেওয়া যেতে পারে – যদি তাঁরা আই.পি.ও.-তে নিবেশের কথা না ভাবেন, তো সব থেকে ভালো হয়। তবুও যদি তাঁরা এই ক্ষেত্রে টাকা নিবেশ করতেই চান, তবে কোন ভালো মিউচ্যুয়াল ফাণ্ডেরই নির্বাচন করুন। তাঁদের হয়ে সমস্ত প্রয়োজনীয় পরিশ্রম সেই মিউচ্যুয়াল ফাণ্ড নিজেই করে নেবে।

অপর দিকে, যদি কোন চালাক এবং সতর্ক নিবেশকারী নিয়মিত আই.পি.ও.-য়ের প্রসপেক্টাস আর পত্রিকা এবং সংবাদপত্রে ছাপা সমীক্ষার গভীর অধ্যয়ণ করার সাথে-সাথে সকল প্রকারের ঝুঁকির প্রতি সজাগ থাকেন, তাহলে তিনি ভালো লাভ প্রাপ্ত করতে পারবেন।

এখানে কিছু পয়েন্ট দেওয়া হল। আই.পি.ও.-তে নিবেশ করার আগে সেগুলির ওপর নজর দেওয়াটা অত্যন্ত জরুরী ঃ

- প্রবর্তকদের বিগত রেকর্ড এবং অভিজ্ঞতা – কোম্পানীর প্রদর্শন।
- পরিকল্পনাার খরচ – সঠিক না বেশী।
- লক্ষ্য – প্রাপ্তিসাধ্য, অনেক উঁচু বা আশাজনক।
- মূল্যাঙ্কন নিজে করা হয়েছে নাকি বাইরের কোন কোম্পানী দ্বারা করা হয়েছে ?
- রপ্তানীর সুযোগ এবং বিদেশ থেকে কোন মজবুত প্রতিবদ্ধতা পেয়েছে কি ?

- প্রবর্তকদের অংশ।
- প্রতিযোগিতা – ঘরোয়া এবং বৈদেশিক উভয় ক্ষেত্রেই।
- প্রতিষ্ঠান – অসংগঠিত ক্ষেত্রের আধিপত্য বা সংগঠিত ক্ষেত্রের।
- প্রীমিয়াম – সঠিক কি না।
- উৎপাদন এবং ব্যবসার ক্ষেত্রে বিভিন্নতা – সম্বন্ধ অথবা অসম্বন্ধ।
- লাভ / লাভাংশ – স্থায়ী অথবা অস্থায়ী ?
- ইণ্ডাস্ট্রি পুঁজিভিত্তিক, না শ্রমভিত্তিক ?
- আবেদনের খরচ এবং বন্টনের পদ্ধতি।
- কোম্পানী কি লাগাতার বাজারে টিঁকে আছে ?

এছাড়াও আই.পি.ও.-র আরও কিছু সংকেতক আছে।

বুক ভ্যালু ঃ এর অর্থ হল ঋণ শোধের পুঁজি এবং অর্জিত আয়ের যোগফল। এই অনুপাতের ভিত্তিতে কোম্পানীর মূল আকার এবং বর্তমান আকারের তুলনা করা যায়।

বাজার মূল্য ঃ এটি কোম্পানীর ব্যালান্স শীট, সরকারের নীতি, বাজারের পরিস্থিতি, ব্যবস্থাপনার বিবরণের ভিত্তিতে স্থির করা হয়ে থাকে। এর থেকে কোম্পানীর মজবুত এবং দুর্বল দিকগুলোর ব্যাপারে জানতে পারা যায়।

প্রতি শেয়ার আয় (*ই.পি.এস.*) ঃ নাম থেকেই বোঝা যাচ্ছে যে, এর থেকে কোম্পানী প্রত্যেক শেয়ারধারকের জন্য কত টাকা উপার্জন করেছে, সেটা জানতে পারা যায়।

য়ীল্ড ঃ এটি হচেছ বাজার মূল্য এবং লাভাংশের অনুপাত। এটা মাথায় রাখা প্রয়োজন যে, কোন শেয়ারের বার্ষিক রিটার্নের গণনা তার বর্তমান বাজার মূল্যের ভিত্তিতে করা হয়। এছাড়া কোম্পানী আগে যে বোনাস দিয়েছে, তার ওপর রাইট শেয়ারের তথ্য প্রাপ্ত করাও প্রয়োজন।

আই.পি.ও.-তে নিবেশ করার ক্ষেত্রে সব থেকে গুরুত্বপূর্ণ যে বিষয়টি সম্পর্কে জানা প্রয়োজন, তা হল কোম্পানীর মাধ্যমে যে দামে শেয়ার জারী করা হচ্ছে, সেটা ঠিক না ভুল ? কিন্তু যে কোন সাধারণ নিবেশকারীর পক্ষে কোন কোম্পানী বা তার আই.পি.ও. নিয়ে এত

বিশদ তথ্য প্রাপ্ত করাটা একটু অসম্ভব হয়ে দাঁড়ায়। এই রকম পরিস্থিতিতে সব চেয়ে ভালো উপায় হচ্ছে এটা যে, একটা সাধারণ ধারণার ভিত্তিতে নির্ণয় নেওয়া। আই.পি.ও. জারী হওয়ার সময় পত্রিকা এবং সংবাদপত্রে তার সমীক্ষা করা হয়ে থাকে। নিবেশকারীদের এগুলোর মধ্য থেকে কিছু প্রতিষ্ঠিত পত্র-পত্রিকা খুঁজে তা পড়ে দেখতে হবে।

প্রাথমিক বাজারে নিবেশ করার সময় যে সমস্ত ব্যক্তিরা বিনামূল্যে পরামর্শ দেয়, তাদের থেকে সাবধানতা অবলম্বন করা উচিত। মাথায় রাখবেন যে, যদি কারো কাছে আপনাকে দেওয়ার মতন কোন ভালো আইডিয়া থাকে, তবে সে নিজেও সেটিকে প্রয়োগ করতে পারত। যার কাছে বিচার থাকে, সে অন্যকে পরামর্শ দেয় না... বরং নিজে সেটিকে প্রয়োগ করার চেষ্টা করে।

মনে রাখবেন যে, শেয়ার বাজার নিয়ে ভবিষ্যবাণী করা যে কোন মানুষের পক্ষেই অসম্ভব। এদিক-ওদিকের কথা শুনে যে সমস্ত লোক নিবেশ করেন, তাঁরা প্রায়ই তাঁদের টাকা ডুবিয়ে ফেলেন। কোন একটা বিশেষ সময়ে কেউই বলতে পারে না যে, কোন্ শেয়ারে নিবেশ করা উচিত হবে আর কোন্‌টিতে নয়। যে কোন নিবেশকারীরই নিজস্ব বিচারধারা আর বিশ্বাস থাকে এবং সেটা খারাপ ব্যাপার নয়। এই কারণে বলি, নিজে মাথা না খাটিয়ে কখনোই শেয়ার বাজারে টাকা নিবেশ করবেন না এবং যদি আপনার হাতে তথ্য সংগ্রহ করার মতন সময় না থাকে... তবে সরাসরি কোন মিউচ্যুয়াল ফাণ্ডে নিবেশ করার সিদ্ধান্ত নিন।

●●

মিতব্যয়ী পোর্টফোলিয়ো ম্যানেজার হচ্ছে মিউচ্যুয়াল ফাণ্ড

যদি আপনি চার দিকে নজর দেন, তবে আপনি বেশ কিছু পেশাদার পোর্টফোলিয়ো ম্যানেজার দেখতে পাবেন এবং এদের একমাত্র উদ্দেশ্য হল নিবেশকারীর লক্ষ্য আকৃষ্ট করা। এটাই হচ্ছে মিউচ্যুয়াল ফাণ্ড। এটাই হচ্ছে আপনার পোর্টফোলিয়ো ম্যানেজার এবং এটি বড় নিবেশের তুলনায় অধিক পারদর্শিতা এবং কর লাভের সুযোগ দেয়।

গোড়ার কথা ঃ

মিউচ্যুয়াল ফাণ্ড অনেক ধরণের নিবেশের কথা বলে, যেমন – ওপেন ইণ্ডেড, ক্লোজ ইণ্ডেড, সেক্টোরাল ফাণ্ড, ব্যালান্সড ফাণ্ড, এম.আই.পি., এফ.এম.পি., গিল্ট ফাণ্ড, ইনকাম ফাণ্ড ইত্যাদি। যদিও আয়কর অধিনিয়ম মিউচ্যুয়াল ফাণ্ডকে শুধুমাত্র দুটি ভাগে ভাগ করে – ইক্যুইটি এবং নন্-ইক্যুইটি। এই দুটোর মেয়াদ এবং এর থেকে প্রাপ্য করও পৃথক-পৃথক হয়। সাধারণ ভাষায় ইক্যুইটি হল সেই ফাণ্ড, যা 50 শতাংশের বেশী নিবেশ ইক্যুইটি শেয়ারে করে থাকে। 2006 সালের বাজেটে এই সীমা বৃদ্ধি করে 65 শতাংশ করে দেওয়া হয়েছিল। এর ফলে ইক্যুইটি ফাণ্ড বেশ ভালো রকমের কর লাভ প্রাপ্ত করেছিল। এর থেকে প্রাপ্ত দীর্ঘমেয়াদী পুঁজিগত লাভকে করমুক্ত করে দেওয়া হয়েছে। অল্পমেয়াদী পুঁজিগত লাভে 10 শতাংশ কর প্রযোজ্য। লাভাংশের ওপর বিতরণ কর প্রযোজ্য নয়। ইউনিটগুলোর রিডাকশনের পর আগে 0.23 শতাংশ সিকিউরিটি ট্রাঞ্জাকশন ট্যাক্স *(এস.টি.টি.)* প্রযোজ্য ছিল। এই হারকে বাড়িয়ে 0.25 করে দেওয়া হয়েছে। অপর দিকে নন্-ইক্যুইটি ফাণ্ড থেকে প্রাপ্ত দীর্ঘমেয়াদী পুঁজিগত লাভের ওপর ইণ্ডেকশনের সাথে 20 শতাংশ বা ইণ্ডেকশন ছাড়া 10 শতাংশ কর প্রযোজ্য হয়। অল্পমেয়াদী পুঁজিগত লাভকে নিবেশকারীর অন্য আয়ের সাথে যুক্ত করা যায় এবং প্রযোজ্য স্ল্যাব অনুযায়ী করের হার প্রযোজ্য হবে। লাভাংশ আয়ের ওপরে 14.025 শতাংশ কর প্রযোজ্য হবে। কর্পোরেট, ফার্ম ইত্যাদির ওপর এটা 22.44 শতাংশ হবে। এর ওপর এস.টি.টি. প্রযোজ্য হবে না। লোকেরা এমনি-এমনি বলে না যে, যত বেশী ঝুঁকি, তত বেশী লাভ।

ইক্যুইটি ফাণ্ডের অপর প্রকার ঃ

ইক্যুইটি লিঙ্কড্ সেভিংস স্কীম (ই.এল.এস.এস.) ঃ সাধারণ কথায় ই.এল.এস.এস. হচ্ছে কর লাভ প্রদানকারী ইক্যুইটি ফাণ্ড। এতে করা নিবেশের ওপর ধারা 80 'সি' অনুসারে কর ছাড় পাওয়া যায়। এর অর্থ হল, এতে যে টাকা নিবেশ করা হয়েছে... তা করযোগ্য উপার্জন থেকে কমানো যেতে পারে। যদিও, ধারা 80 'সি' অনুসারে ছাড় এক লক্ষক্ষ টাকার মধ্যেই সীমাবদ্ধ। একটি উদাহরণের মাধ্যমে বিষয়টি বোঝা যাক ঃ

করযোগ্য আয় ঃ 6,00,000 টাকা

ই.এল.এস.এস.-তে নিবেশ ঃ 1,00,000 টাকা

নেট করযোগ্য আয় ঃ 5,00,000 টাকা

করে ছাড় লক্-ইনের মাধ্যমে পাওয়া যায়। অন্য ভাবে বলা যায়, লক্-ইন মেয়াদ ছাড়া 80 'সি'-য়ের থেকে লাভ পাওয়া যাবে না... কিন্তু শুধুমাত্র এই নিবেশের লক্-ইন মেয়াদ অন্ততঃ পক্ষে তিন বছরের জন্য হয়। এছাড়া, এ.এল.এস.এস.-য়ের প্রদর্শনও সমকক্ষ ডাইভার্সিফায়েড ফাণ্ডের তুলনায় ভালো হয়। এটা হওয়ার কারণ হল প্রতি দিন হওয়া রিডাকশন ফাণ্ড ম্যানেজারকে অসুবিধার মধ্যে ফেলে না এবং তাঁরা নিবেশের জন্য একটা লম্বা সময় পর্যন্ত টাকা পান। কর লাভকে ভুলে গেলে এতে এক লক্ষ টাকার থেকে বেশী নিবেশ করাই লাভজনক হবে।

বিকল্পের ভীড়ে কোন্‌টি সঠিক ঃ

মিউচ্যুয়াল ফাণ্ডে তিনটি বিকল্প থাকে – ডিভিডেন্ট, ডিভিডেন্ট ডিস্ট্রিবিউশন এবং গ্রোথ। ডিভিডেন্টের বিষয়টি বোঝা খুবই সহজ। লাভের টাকাটি করমুক্ত হয় বলে এটি নিয়মিত আয় প্রাপ্ত করার এক ভালো রাস্তা হয়। এর অর্থ হল নির্দ্দিষ্ট সময়ে আপনা থেকেই লাভ পাওয়া যায়... যা দ্রুত গতির সময় যথেষ্ট লাভজনক প্রমাণিত হয়। বর্তমান কর ব্যবস্থার দিকে নজর দেওয়ার সময় ডিভিডেন্ট রি-ইন্‌ভেস্টমেন্ট এবং গ্রোথ অপশনের মধ্যে কোন পার্থক্য থাকে না। যদিও, ভবিষ্যতে লাভাংশ কর প্রযোজ্য হলে ডিস্ট্রিবিউশন ট্যাক্সের বোঝা ওঠানোর পরিবর্তে গ্রোথ বিকল্পের পথ গ্রহণ করাই সুবিধাজনক।

সব মিলিয়ে, মিউচ্যুয়াল ফাণ্ড নিবেশকারীদের পরিণাম, ঝুঁকি, লিক্যুইডিটি এবং কর লাভের সর্বোত্তম সম্মিশ্রণ প্রদান করে। আপনি নিজের পোর্টফোলিয়ো ম্যানেজার মিউচ্যুয়াল ফাণ্ডকে তার কাজ করতে দিন। বার-বার শেয়ার কিনলে এবং বিক্রী করলে নিবেশের মজাই নষ্ট হয়ে পড়ে।

মিউচ্যুয়াল ফাণ্ডকে বোঝা প্রয়োজন

নিজের উল্লেখযোগ্য এবগং গুরুত্বপূর্ণ দ্রুত গতি সত্ত্বেও ছোট নিবেশের ব্যাপারে মিউচ্যুয়াল ফাণ্ডকে সবাধিক কম লাভজনক মাধ্যম হিসেবে মানা হয়ে থাকে এবং এতে ভুল হওয়ার সম্ভাবনাও সব চেয়ে বেশী থাকে। পৃথিবীর অর্থবিদেরা মিউচ্যুয়াল ফাণ্ডকে দেশের অর্থ ব্যবস্থার ক্ষেত্রে হৃদয়ে রক্তের যোগান দিতে থাকা ধমণীর রূপে দেখে। এই কারণে এই ব্যবস্থার অভ্যন্তরে প্রবেশ করে পরিস্থিতি বোঝা অত্যন্ত প্রয়োজন। মিউচ্যুয়াল ফাণ্ড উদ্যোগ এটা অনুভব করে যে, লোকেদের মধ্যে এটার সম্পর্কে এত বেশী ভুল ধারণা জম্মে গেছে যে, নিবেশকারীদের ব্যাপক স্তরে শিক্ষিত করে তোলার জন্য কোন উপায় বার করা খুবই মুশ্কিল। এই কারণে এই উদ্যোগ যত বেশী সম্ভব ফাণ্ড জোগাড় করার চেস্টা করে থাকে এবং এই ক্রমে ন্যূনতম সুনিশ্চিত রিটার্নের প্রস্তাব, রাইট, বোনাস জারী করা এবং নিজেদের নতুন-নতুন স্কীমকে শেয়ারের আই.পি.ও.-র মত করে পেশ করার মত বেশ কিছু ভুল গতিবিধিতে সক্রিয় হয়ে পড়ে। আই.পি.ও.-র প্রতি নিবেশকারীদের টান এত বেশী বৃদ্ধি পেয়েছে যে, কম-বেশী সমস্ত মিউচ্যুয়াল ফাণ্ডগুলি নিয়মিত অন্তরাল অনুসারে বাজারে নিজেদের আই.পি.ও. আনা শুরু করে দিয়েছে। পরিস্থিতি এমন হয়ে উঠেছে যে, একটা সময় ইক্যুইটি শেয়ারের তুলনায় মিউচ্যুয়াল ফাণ্ড স্কীম বেশী হয়ে পড়বে। এটাই হচেছ আমেরিকার বর্তমান স্থিতি... কিন্তু ভারতের এই রকম গতিবিধিতে সংলগ্ন হয়ে পড়া উচিত হবে কি ?

বাজার নিয়মাক সেবী কিছু সুবিধাজনক উপায় করার চেস্টা করেছে। এতে মিউচ্যুয়াল ফাণ্ডের প্রারম্ভিক পাব্লিক অফারের *(আই.পি.ও)*-র স্থানে নতুন বাক্য *'নিউ ফাণ্ড অফার' (এন.এফ.এ.)*-য়ের উপযোগ করার নির্দেশ দেওয়া হয়েছে। যদিও মিউচ্যুয়াল ফাণ্ডের ওপরে এই

নির্দেশের কোন প্রভাব পড়েনি। 2006 সালের 4-ঠা এপ্রিল সেবী এর ওপর একটা সার্কুলার জারী করেছিল, যাতে নিম্নলিখিত জিনিষগুলিকে অনিবার্য বলে ধরে নেওয়া হয়েছিল ঃ

- প্রারম্ভিক ইস্যু খরচের অনুমতি শুধুমাত্র ফ্লোজ এণ্ডেড স্কীমের ক্ষেত্রেই থাকবে।
- মুক্ত মেয়াদের স্কীমগুলির বিক্রী, মার্কেটিং এবং স্কীমের বিক্রয় এবং বিতরণের সাথে সম্পর্কিত অন্য খরচকে প্রারম্ভিক ইস্যুর খরচের দ্বারা নয়... বরং এন্ট্রি লোডের দ্বারা পূরণ করতে হবে।
- ক্লোজ এণ্ডেড স্কীমের প্রারম্ভিক ইস্যুর খরচ ওঠানোর অনুমতি থাকে, এই কারণে এর এন্ট্রি লোড নেওয়া উচিত নয়।
- এই রকম ক্লোজ এণ্ডেড স্কীম, যাতে প্রারম্ভিক ইস্যু খরচের জন্য কিছু দিন নিষেধ করা হয়... নিষেধকাল সম্পূর্ণ হওয়ার পর পূর্ব স্কীম থেকে বাইরে বেরিয়ে আসা নিবেশকারীর জন্য এ.এম.সি. বাকী অনুপাতিক অস্হগিত ইস্যু খরচের আদায়ের পর ইউনিটের বিমোচন করা যেতে পারে।
- ক্লোজ এণ্ডেড স্কীমের পরিবর্তন বা ইন্টারভাল স্কীমকে ওপেন এণ্ডেড স্কীমে পরিবর্তন বা নতুন ইউনিট জারী করার জন্য পূর্ব স্কীম থেকে বাকী অস্হগিত রাশির পূর্ণ আদায় হওয়া প্রয়োজন।
- সেবীর এই দিশা-নির্দেশের কি প্রভাব পড়বে... তা জানার আগে অন্য কিছু বিষয়ের ওপরে দৃষ্টি দেওয়া যাক।

●●

এন.এফ.ও.-র প্রতি নিবেশকারীদের টান রয়েছে কেন ?

নিবেশকারীরা এমনটা মনে করেন যে, লঞ্চিং-য়ের সময় 10 টাকার এন.এ.ভি. 40 টাকার এন.এ.ভি.-র থেকে বেশী লাভজনক হয়। ওনাদের বক্তব্য এটাই হয় যে, 40 টাকার এন.এ.ভি.-তে তাঁরা অপেক্ষাকৃত কম ইউনিট পাবেন। তাঁরা এটা বুঝতে পারেন না যে, তাঁদের দ্বারা নিবেশ করা রাশিতে শতাংশের বিষয়টি বেশী গুরুত্ব রাখে। এন.এ.ভি. হচ্ছে ইউনিটের ফেস ভ্যালুর ডেরিভেটিভ মাত্র। এন.এ.ভি.-তে শতাংশ লাভ এক সমান হয়। যদি পোর্টফোলিয়োর মার্কেট ভ্যালু 50 শতাংশ বৃদ্ধি পায়, তবে 10 টাকার এন.এ.ভি. বৃদ্ধি পেয়ে 15 টাকা হয়ে যাবে, অন্য দিকে 40 টাকার এন.এ.ভি. 60 টাকা হবে। এই কারণে সংখ্যার পরিবর্তে শতাংশ লাভের দিকে নজর দেওয়া উচিত।

কোন চালু স্কীমের ভিত্তিতে ক্রেতাদের আগ্রহ বৃদ্ধি পায়। যদিও সমস্ত মিউচ্যুয়াল ফাণ্ডের অফার সম্পর্কিত কাগজপত্রে এই সতর্কবাণী দেওয়া হয় যে, পূর্বের প্রদর্শন অনুযায়ী ভবিষ্যতে রিটার্ণ পাওয়া যাবেই... এমন কোন গ্যারান্টী নেই। কিন্তু সতর্ক নিবেশকারীরা এটা জানেন যে, আর্থিক বাজারের ইতিহাসকে উপক্ষো করার অর্থ হল আত্মহত্যা করা। সেবী দ্বারা পারদর্শিতার ওপর চাপ দেওয়ার কারণে বেশীর ভাগ মিউচ্যুয়াল ফাণ্ড তাদের সকল নিবেশকারীদের তিন মাসের রিপোর্ট দিয়ে থাকে। এই রিপোর্টে ফাণ্ডের প্রদর্শনের সঙ্গে সম্পর্কিত কিছু আকর্ষণীয় বিবরণ পাওয়া যায়। ফাণ্ডের প্রদর্শনের তুলনা সম্ভব হয় এবং সবাধিক গুরুত্বপূর্ণ বিষয় হল বর্তমান পোর্টফোলিয়োর ভিত্তিতে নিবেশকারী

স্কীমের ভবিষ্যতের আকলন করতে পারেন। এন.এফ.ও.-র কোন ইতিহাস হয় না এবং এজন্য এর সাথে সম্পর্কিত কোন পরিসংখ্যানও থাকে না। সুতরাং বোঝাই যাচ্ছে যে, এতে যথেষ্ট ঝুঁকি থাকে।

বর্তমান নির্দেশ অনুসারে মিউচ্যুয়াল ফাণ্ড নিজের ছয় শতাংশ পর্যন্ত সংগ্রহকে ইস্যু খরচের রূপে দেখাতে পারে। বহু দিন আগে মিউচ্যুয়াল ফাণ্ড লঞ্চিং-য়ের খরচকে স্কীম আপফ্রেন্ট থেকে আদায় করত। এর পরিণামস্বরূপ নিবেশকারী দ্বারা লঞ্চিং-য়ের সময়ে করা 10 টাকার সাবস্ক্রীপশনের ওপর এন.এ.ভি. 9.40 টাকা হত। দীর্ঘমেয়াদী নিবেশকারীদের পক্ষে এটা কোন ভালো কথা ছিল না। এই সমস্যার সমাধানের জন্য মিউচ্যুয়াল ফাণ্ডকে এই খরচ পাঁচ বছরের জন্য স্থগিত করার নির্দেশ দেওয়া হয়েছিল।

নিবেশকারীদের টান বৃদ্ধি পাওয়ার কারণে এন.এফ.ও.-র সংখ্যা লাগাতার বৃদ্ধি পেয়েছে। এছাড়া মিউচ্যুয়াল ফাণ্ডের মার্কেটিং এবং পাব্লিসিটির ওপর বেশী জোর দেওয়া হচ্ছে এবং ডিস্ট্রিবিউটারদে উচ্চ ব্রোকারেজ দে ওয়া হচ্ছে। যে নিবেশকারী পাঁচ বছরের আগে স্কীম থেকে বাইরে বেরিয়ে আসেন, তাঁকে আলাদা মূল্য দিতে হচ্ছে... কিন্তু যে ব্যক্তি স্কীমে পাঁচ বছর বাদে শামিল হচ্ছেন, তাঁকে লঞ্চিং-য়ের জন্য কোন খরচের বোঝা নিতে হয় না। আজ্ঞে হ্যাঁ... চালাক নিবেশকারী নিজের নিবেশযোগ্য রাশিকে শুধুমাত্র পাঁচ বছর পুরোন স্কীমেই নিবেশ করেন। সেবীর নতুন নির্দেশের পর বেশীর ভাগ নিবেশকারী এই প্রণালী গ্রহণ করবেন।

●●

দীর্ঘমেয়াদী নিবেশই হচ্ছে বাজারের ওঠা-নামার চিকিৎসা

এ্যালবার্ট আইনস্টাইন সঞ্চয়কে পৃথিবীর অষ্টম শক্তির আখ্যা দিয়েছিলেন। এই বিষয়ে একটি গল্প আছে। একবার এক রাজা এক কৃষকের কাছে দাবা খেলায় হেরে গেছিলেন। রাজা সেই কৃষককে পুরস্কার চাইতে বলেছিলেন। কৃষকটি দাবার প্রথম ঘরে গমের একটি এবং দ্বিতীয় ঘরে গমের দুটি, তৃতীয় ঘরে চারটি, চতুর্থ ঘরে আটটি, পঞ্চম ঘরে ষোলটি দানা থেকে শুরু করে 64 নং ঘর পর্যন্ত *(যতগুলো হবে)* দেওয়ার জন্য বলেছিল। রাজা শুনে ভীষণ খুশী হয়েছিলেন এবং সে কৃষকের ইচ্ছা পূরণের আদেশ দেন। কিন্তু এর জন্য গমের 1,84,46,74,73,70,95,51,615 দানার প্রয়োজন ছিল। এটাকে এই ভাবে বোঝা যাক। এক কিলো গমে প্রায় 25,000 দানা থাকে। রাজার নিজের প্রতিশ্রুতি পূরণ করার জন্য 73,787 টন গমের প্রয়োজন ছিল। 2004 সালে ভারতের মোট রাষ্ট্রীয় উৎপাদন *(গম, চাল, আখ, তুলো প্রভৃতি)* প্রায় 20 কোটি টন ছিল। রাজার সেটার থেকেও 3690 গুণ বেশী গমের প্রয়োজন ছিল।

রাজা যদি প্রতি কিলো গম 3.50 টাকা দরে কিনতেন, তাহলে তাঁকে 25,82,54,417 কোটি টাকা দিতে হত। এটি দেশের সমস্ত রাষ্ট্রীয় উৎপাদনের থেকে 2000 গুণ বেশী হত। কৃষক নিজের লাভের জন্য সঞ্চয়ের ব্যবহার করেছিল। রাজার প্রথমে 10 বর্গ পর্যন্ত মাথায় ছিল, তারপর ব্যাপারটি তাঁর হাতের বাইরে চলে যায়। অন্য ভাবে বলা যায়, সঞ্চয়ণ দীর্ঘমেয়াদে কাজ করে।

এই সময় বাজারে 200-র বেশী ইক্যুইটি ভিত্তিক স্কীম রয়েছে। গত পাঁচ বছরে কি হয়েছে, তা সবাই জানেন। ডট কমের প্রচলন হয়েছে,

11-ই সেপ্টেম্বরের আতঙ্কবাদের হামলা, আফগানিস্তান এবং ইরাকে আমেরিকার সৈন্য অভিযান, আমেরিকার সুদের হারে বৃদ্ধি এবং হ্রাস, তেলের দাম বৃদ্ধি, ঘরোয়া বাজারে কেতন পারেখের আগমন, অম্বানী ভাইদের মধ্যে বিচ্ছেদ। এই সমস্ত কিছুর পেছনে সঞ্চয়ের গণিত কাজ করছিল।

বাস্তবে কজন লোক দীর্ঘমেয়াদের জন্য নিবেশ করেন ? পারেন বুফে বলেন যে, একজন নিবেশকারীর জীবনে মোট 20 ট্রেণ্ডই যথেস্ট হবে।

নিবেশ করা ভীষণ কঠিন কাজ। লোকেদের কাছে এই কথা চিন্তা করার মতন শক্তি এবং ইচ্ছা – কোনটাই থাকে না যে, কবে আর কি ভাবে নিবেশ করা উচিত! ক্যাল্মিন কুলিজ সফল নিবেশকারী হওয়ার জন্য পরামর্শ দিয়েছিলেন ঃ দৃঢ়তা। এর স্থান কেউ নিতে পারবে না... প্রতিভাও নয়।

আপনারা বেশ কিছু যোগ্য... অথচ অসফল ব্যক্তি দেখতে পাবেন। দৃঢ়তা এবং সমর্পনই হচ্ছে মূল মন্ত্র। অন্য ভাষায় মার্কেট টাইমিং এবং মার্কেটকে টাইম না করার মধ্যে ঠিক ততটাই পার্থক্য থাকে, যতটা পার্থক্য থাকে কোন সফল এবং অসফল নিবেশকারীর মধ্যে।

●●

দাম কমার প্রভাব কমানোর জন্য ব্যবস্হিত করুন

শেয়ার বাজার থেকে পয়সা রোজগার করার সাধারণ সূত্র হল কম দামে কিনুন... বেশী দামে বিক্রী করুন। কিন্তু নিবেশকারীরা বার-বার এই নিয়মটির লঙ্ঘন করেন। যখন বাজার উঁচুর দিকে থাকে, তখন নিবেশকারী সুযোগের সদ্ব্যবহার করার জন্য শেয়ার কেনার দিকে মনোনিবেশ করেন। যা ওপরে ওঠে, সেটা এক সময় নীচেও নিমি আসে। বাজার যখন এই নিয়মে চলে... তখন নিবেশকারীদের মনের মধ্যে ভয় ঢুকে যায় এবং তারা তাড়াহুড়ো করে লোকসানেই শেয়ার বিক্রী করা শুরু করে দেয়। ইংরাজীতে একটা কথা আছে – যদি গরম সহ্য করতে না পারো, তাহলে রান্নাঘরে ঢুকো না। বিশেষ করে শেয়ার বাজারের ক্ষেত্রে এই কথাটি অত্যন্ত সত্য বলে প্রমাণিত হয়। যদি আপনি এমন নিবেশকারী হন, যিনি প্রতি দিন নিজের নিবেশকে বেড়ে উঠতে দেখতে চান এবং খুব কম সময়ের জন্য হলেও যদি হ্রাস সহ্য করতে না পারেন... তবে এটা ধরে নিতে পারেন যে, আপনাকে নিরাশ হতেই হবে। পরিভাষা অনুসারে শেয়ার বাজারে ওঠা-নামার জন্যই আপনি উঠবেন-নামবেন। যদি অর্থ ব্যবস্হা মজবুত হয় এবং কোম্পানীর রাজস্বে যথেস্ট লাভ হয়... তবে এটা পরিস্কার যে, আজ নয়তো কাল এর প্রভাব বাজারেও দেখতে পাওয়া যাবে।

প্রযুক্তিগত সংশোধনের মোকাবিলা কি ভাবে করবেন ?

একজন নিবেশকারী হিসাবে আপনাকে নিজের পোর্টফোলিয়ো আবার একবার ঠিক করতে হবে। মেনে নিলাম যে, আপনি নিজের ঝুঁকি নেওয়ার ক্ষমতা অনুসারে 70 শতাংশ ইক্যুইটি এবং 30 শতাংশ ডেটে নিবেশ করার সিদ্ধান্ত নিয়েছেন। নিবেশের মোট অর্থ হচ্ছে পাঁচ লক্ষ টাকা। এর অর্থ এই যে, সাড়ে তিন লক্ষ টাকা ইক্যুইটি এবং বাকীটা

ডেটে নিবেশ করা হবে। বাজার এক বছরে 30 শতাংশ বৃদ্ধি পায় এবং ডেট ইন্সট্রুমেন্টে পাঁচ শতাংশ লাভ হয়। ইক্যুইটি নিবেশ 4,55,000 টাকা এবং ডেট 1,57,500 টাকা হয়ে যাবে। এখন নিবেশের অনুপাত বদলে গেছে এবং ইক্যুইটি নিবেশ 74 শতাংশ হয়ে গেছে। যদি আপনি ইক্যুইটিতে কেবলমাত্র 70 শতাংশ নিবেশ করতে চান, তবে ইক্যুইটি নিবেশের চার শতাংশ বিক্রী করে ডেটে নিবেশ করে দিন... আবার এক ঠিক উল্টোটাও করা যেতে পারে। কিন্তু মানসিক দিক থেকে এটা যথেস্ট কঠিন। বাজার মন্দা চলাকালীন নিবেশের ইক্যুইটি অংশ কমে এলে শেয়ার বা ইক্যুইটি মিউচ্যুয়াল ফাণ্ড কিনে সেটার পূরণ করা উচিত। আগত দিনে সংশোধন হওয়ার পর নিবেশক দ্রুততার সঙ্গে উচ্চ শিখরে পৌঁছবার জন্য আরও একটি ঝুঁকি নেবেন।

তারিখ	ইউনিট	এন.এ.ভি. (টাকা)	নিবেশ (টাকা)
18-ই মে, 2006	6000	50.00	3,00,000
17-ই নভেম্বর, 2007	6000	60.23	3,61,360

রিটার্নের হার 13.20 শতাংশ

এই টেবলে 18-ই মে, 2006 সম্পূর্ণ নিবেশ দেখানো হয়েছে, যখন বাজার সর্বোচ্চ শিখরে ছিল। এর পর বাজারে মন্দা দেখা দেয় এবং সামলে উঠতে 18 মাস সময় লেগে যায়। শুরুতে এন.এ.ভি. 50 টাকা এবং 18 মাস পরে 60.23 টাকা হয়। প্রায় 20 শতাংশ বৃদ্ধি পায়। এই প্রকার বার্ষিক রিটার্ন হার 13.20 শতাংশ হয়। যদি এই নিবেশকারী একবারের পরিবর্তে কিছু সময় পর-পর নিবেশ করেন, তবে এমনটা হতে পারে ঃ

তারিখ	ইউনিট	এন.এ.ভি. (টাকা)	নিবেশ (টাকা)
18-ই মে, 2006	1000	50.00	50,000
17-ই আগষ্ট, 2006	1111.11	45.00	50,000
17-ই নভেম্বর, 2006	1388.89	36.00	50,000
17-ই ফেব্রুয়ারী, 2007	1207.73	41.00	50,000
17-ই মে, 2007	1050.20	47.61	50,000
17-ই আগষ্ট, 2007	954.73	52.37	50,000
17-ই নভেম্বর, 2007	6712.66	60.23	4,04,281

রিটার্নের হার 39 শতাংশ

নিবেশের পর প্রথম 6 মাস এন.এ.ভি হ্রাস হতে থাকে, এমনটা মন্দার সময় হয়। কিন্তু নিবেশকারী নিবেশের টাকায় হাত দেন নি। প্রায় 28 শতাংশ হ্রাস পাওয়ার পর *(50 থেকে 36 টাকায় আসার পর)* ট্রেণ্ড পরিবর্তিত হতে থাকে। বাজার আবার একবার ওপরের দিকে উঠতে থাকে এবং এন.এ.ভি.-ও বাড়তে থাকে। 18 মাস পরে এন.এ.ভি. 60.23 টাকা হয়ে যায়। 18 মাসের জন্য রাখা মোট নিবেশ 3,00,000 টাকাই থাকে। যদিও, রিটার্নের হার 39 শতাংশে পৌঁছে গেছিল। প্রযুক্তিগত সংশোধনের মোকাবিলা করার একটাই উপায়... তার সাথে লড়াই করা। এর অর্থ নিবেশ বন্ধ করা বা তুলে নেওয়া মোটেই নয়... বরং আক্রামক ভঙ্গীতে নিবেশ করতে থাকা।

সব মিলিয়ে শেয়ার বাজার শেয়ার বাজারের মতই থাকবে। এটি কখনও ওপরে উঠবে, তো কখনও নীচের দিকে নেমে আসবে। এই রকম পরিস্থিতিতে নিবেশকারীদের সামনে দুটি পথ খোলা থাকে। বাজার ওপরের দিকে থাকলে মাঝে-মধ্যে আপনার পোর্টফোলিয়ো ব্যবস্থিত করুন। এর ফলে ইক্যুইটিতে অত্যধিক নিবেশের হাত থেকে বাঁচা যায়। যখন বাজারে মন্দা দেখা দেবে... তখন ব্যবস্থিত নিবেশ করুন। এর ফলে সেন্সেক্সের সর্বোচ্চ স্তরে নিবেশের হাত থেকে বাচা যেতে পারে।

●●

ট্রেডার, নিবেশকারীদের জন্য করের ব্যবস্থা আলাদা

আপনি যখন শেয়ার বাজার থেকে শেয়ার কেনেন বা বিক্রী করেন, তখন আপনার হয় লাভ হয়, তা না হলে লোকসান হয়। এখন বেশীর ভাগ নিবেশকারী এটা জানেন যে, 12 মাসের থেকে বেশী সময় পর্যন্ত ধরে রাখা শেয়ার থেকে যে লাভ পাওয়া যায়, তাকে দীর্ঘমেয়াদী পুঁজিপত লাভের শ্রেণীতে রাখা হয় এবং সেই লাভ করমুক্ত হয়। কিন্তু 12 মাসের থেকে কম সময় ধরে রাখা শেয়ার থেকে যে লাভ হয়, তাকে অল্পমেয়াদী লাভ বলা হয় এবং এর ওপরে 10 শতাংশ হারে কর প্রযোজ্য হয়।

যদি আপনি সিকিউরিটিতে ট্রেডার হন, তবে পুঁজিগত লাভ করের ব্যবস্থা আপনার সিকিউরিটি ট্রাঞ্জাকশনে প্রযোজ্য হয়। এই কারণে আপনার সিকিউরিটি ট্রাঞ্জাকশনের ওপর যে লাভ বা ক্ষতি হবে, তাকে বিজনেস প্রফিটের শ্রেণীতে রাখা হবে এবং নির্দ্দিষ্ট হারে কর আরোপিত হবে। শেয়ার বাজারে দীর্ঘ দিন ধরে চলে আসা সম্পদ বৃদ্ধির কারণে নিবেশকারীদের পুঁজি বাজারেও লেন-দেন বৃদ্ধি পেয়েছে। আপনার অধিকারী এই রকম শর্তকে পুঁজিগত লাভের রূপে নয়... বরং ব্যবসার আয় রূপে বন্দোবস্ত করতে চায়। বর্তমানে, কোন্ ব্যক্তি ট্রেডার বা নিবেশকারী, সেটা বুঝাতে কস্ট হয় না... অন্য ভাবে বলা যায়, কর আইনে এই সম্পর্কে কোন বিশেষ বন্দোবস্ত নেই। এই বিষয়ে নিবেশকারী, ট্যাক্স প্রোফেশানাল এবং বিচারপতির মধ্যে দ্বন্দ্বের সম্ভাবনা থাকে। এই স্থিতি ততক্ষন পর্যন্ত বজায় থাকবে, যতক্ষন না আয়কর বিভাগ আবশ্যক নির্দেশ জারী করছে।

আসুন, দেখা যাক এর পেছনে কি রহস্য লুকিয়ে আছে ঃ

নির্ণয় প্রভাবিত করা কারক ঃ পুঁজি বাজারে হওয়া কেনাকাটার ওপর কর দায়িত্বের নির্ধারণ সিকিউরিটির বর্গীকরণের ভিত্তিতে হয়। যদি উক্ত সিকিউরিটিকে নিবেশের শ্রেণীতে রাখা যায়, তবে যে কোন প্রকারের লাভকে পুঁজিগত লাভ বলা যেতে পারে এবং তার ওপর আয়কর নিয়ম অনুসারে কর নির্ধারিত হয়। যদি উক্ত সিকিউরিটিকে শেয়ারের শ্রেণীতে রাখা হয়, তবে যে কোন প্রকারের লাভকে বিজনেস আয়ের রূপে রাখা যায় এবং তার ওপরে নির্দ্দিষ্ট হারে কর লাগে।

আয়কর বিভাগ নিবেশের শ্রেণী বিভাগ সম্পর্কে এখনও পর্যন্ত কোন নিয়ম বা মানদণ্ড নির্ধারিত করেনি। এই শ্রেণী বিভাগের জন্য সব চেয়ে গুরুত্বপূর্ণ কথা হচেছ এটা যে, কেনার সময় নির্ধারকের উদ্দেশ্য কি ছিল ? যদি নির্ধারক নিবেশের উদ্দেশ্য সিকিউরিটি কিনে থাকে, তবে সেটা ট্রেড বা বিজনেসের শ্রেণীতে আসবে না... বরং ট্রাঞ্জাকশনের শ্রেণীতে আসবে।

●●

বিশ্বের মহান নিবেশকারী বারেন বফেটের সফলতার সূত্র

নেব্রাস্কার ওমাহা-তে 1930 সালের 30-শে আগস্ট বারেন বফেটের জন্ম হয়। নেব্রাস্কা বিশ্ববিদ্যালয়ে পড়াশোনা করার সময় বফেট বেঞ্জামিন গ্রাহামের বই *'দ্য ইন্টেলিজেন্ট ইন্‌ভেস্টর'* পড়েছিলেন। এই পুস্তক থেকে বফেট প্রেরণা পান এবং ডিগ্রীর পড়াশোনা সম্পূর্ণ করার পর নিউ ইয়র্কের কোলম্বিয়া গ্র্যাজুয়েট বিজনেস স্কুলে গ্রাহামের সাথে পড়ার জন্য চলে যান। সেখানে বফেট নিবেশের গুরুত্ব কি, তা ভালোমতন বুঝতে পেরেছিলেন। পড়াশোনা শেষ করে তিনি ফিরে এসেছিলেন আর আবার একবার গ্রাহামের ডাকে সাড়া দিয়ে 1954 সালে তিনি গ্রাহাম-ন্যুম্যান কোম্পানীতে কাজ করা শুরু করেন। কিন্তু 1956 সালে এই কোম্পানী বন্ধ হয়ে যায় এবং বফেট ওমাহা-তে ফিরে আসেন।

গ্রাহামের থেকে শেখা নিবেশের মন্ত্রের ভিত্তিতে বফেট মাত্র পঁচিশ বছর বয়সে নিজের নিবেশ কোম্পানী স্থাপন করেন। পরিবারের সদস্যরা এবং বন্ধুরা তাঁকে সমস্ত প্রকারের সহায়তা করেছিল। 1961 সালে বফেট ড্যাম্পস্টর মিল ম্যানুফ্যাকচারিং কোম্পানী কিনে নেন এবং 1962 সাল থেকে কাপড় তৈরীর কোম্পানী ওয়ার্কশায়র হ্যাথওয়ে-র শেয়ার কিনতে শুরু করে দেন। এই সময় কোম্পানীর অবস্থা ঠিক ছিল না। কোম্পানীর অবস্থা ঠিক করার জন্য বফেটকে প্রচুর সংঘর্ষ করতে হয়েছিল। 1970 সালে ওয়ার্কশায়র হ্যাথওয়ে-তে যে সমস্ত নিবেশকারী নিবেশ করেছিলেন, তাঁদের কোম্পানীর ওপর থেকে বিশ্বাস উঠে যেতে থাকে। বফেট কিন্তু নিজের ধৈর্য্য বজায় রেখেছিলেন।

বফেট মনে করেছিলেন যে, এলাকার বেশীর ভাগ লোকই এই কাপড়ের মিলে কাজ করে। কাজ করার লোকেরা দক্ষ এবং বয়স্ক ব্যক্তি ছিলেন, যাঁদেরকে পরিবর্তন করা সম্ভব নয়। ব্যবস্থাপনা থেকে উচ্চ সুদ পাওয়া যাচ্ছিল এবং কর্মচারীদের একতাও বিশ্বসনীয় ছিল। এই সমস্ত কারণের ভিত্তিতে বফেটের ভরসা ছিল যে, কাপড়ের ব্যবসা থেকে লাভ পাওয়া যেতে পারে। 1980 সাল পর্যন্ত বফেট মূল সত্যগুলিকে বুঝতে থাকেন। বস্ত্র এমন একটি পদার্থ, যা তার প্রতিযোগীদের থেকে

ভিন্ন হতে পারে না। প্রতিযোগীতামূলক বস্ত্র শিল্পে টিকে থাকার জন্য পুঁজি সংশোধনের ক্ষেত্রে নিবেশ করা প্রয়োজন। বিদেশী প্রতিযোগী কোম্পানীগুলি সস্তা শ্রমের উপযোগ করে, যার ফলে প্রচুর লাভ পাওয়া যায়।

এই তথ্যের ভিত্তিতে বফেট বস্ত্র শিল্পে নিবেশ করা বন্ধ করে দেন। তা সত্ত্বেও 1962 থেকে 1980 সালের মধ্যে ওয়ার্কশায়র হ্যাথওয়ে-র অন্তর্গত বফেট অনেক কোম্পানী কিনে নেন... যেগুলোর মধ্যে বীমা, ব্লু চিপ স্ট্যাম্পস্, সীজ ক্যাণ্ডী শপস্, বাফেলো নিউজ ইত্যাদি কোম্পানী শামিল ছিল।

বস্ত্র শিল্পের সাথে সম্পর্ক শেষ করে দেওয়া সত্ত্বেও তিনি অনেক কোম্পানী কিনেছিলেন। বফেটের অভিজ্ঞতার ওপরে ভিত্তি করে রবার্ট জি. হেগস্ট্রোর্ম বই লিখেছিলেন এবং এতে তিনি বফেটের সফলতার চারটি সূত্র উল্লেখ করেছিলেন ঃ-

01. ব্যবসায়িক সূত্র ঃ

ক) ব্যবসা কি সরল এবং বোঝার যোগ্য ?

খ) ব্যবসার কি লাগাতার চলার ইতিহাস আছে ?

গ) ব্যবসায় কি দীর্ঘমেয়াদী লাভের সম্ভাবনা আছে ?

02. ব্যবস্থাপনা সূত্র ঃ

ক) ব্যবস্থাপনা কি যুক্তিসঙ্গত ?

খ) শেয়ার ধারকদের কি ব্যবস্থাপনার ওপরে আস্থা আছে ?

গ) ব্যবস্থাপনা কি সংস্থাগত দুর্বলতার মোকাবিলা করতে সক্ষম ?

03. আর্থিক সূত্র ঃ

ক) ইক্যুইটির ওপরে রিটার্ন পাওয়া গুরুত্বপূর্ণ... শেয়ার পেছু লাভ গুরুত্বপূর্ণ নয়।

খ) সঠিক অবস্থা দেখার জন্য শেয়ার ধারকদের উপার্জনের গণনা করুন।

গ) অধিক লাভ অর্জনকারী কোম্পানীগুলিকে প্রাথমিকতা দিন।

ঘ) প্রতি ডলার লাভ দেওয়ার সময় এটা সুনিশ্চিত করুন যে, কোম্পানী বাজার মূল্য অনুসারে কম পক্ষে এক ডলার সৃষ্টি করেছে।

04. বাজার সূত্র ঃ

ক) ব্যবসার মূল্য কি ?

খ) মূল্যের তুলনায় অধিক ছাড় দরে ব্যবসা কেনা যেতে পারে কি ?

●●

নিবেশকারীদের জন্য টিপ্‌স

যেসব ব্যক্তি অনেক বেশী অর্থ উপার্জন করতে চান, শেয়ার বাজার তাঁদেরকে আকৃস্ট করে। অনেক সময় লোকেদেরকে এমনটা বলতে শোনা যায় – *"যদি বেশী টাকা কামাতে চান, তবে শেয়ার বাজারে ভাগ্য পরীক্ষা করে দেখুন। আমার অমুক বন্ধু শেয়ার বাজার থেকে প্রচুর টাকা কামিয়েছে।"*

নতুন নিবেশকারীদের সর্বদাই কিছু প্রাথমিক জিনিষের ওপরে দৃস্টি দেওয়া উচিত। শেয়ার বাজারে নিবেশ করার আগে আপানি ঠিক কোন্ শ্রেণীতে নিবেশ করতে চান, সেটা ঠিক করে নিন।

আপনি কি দীর্ঘমেয়াদী নিবেশকারী ?

নাকি আপনি অল্পমেয়াদী নিবেশকারী ?

যদি কোম্পানীর ফাণ্ডামেন্টাল্স ঠিক হয়, তবে নিজেকে ধৈর্য্য ধরতে শিখিয়ে শেয়ার বাজারে আপনি 95 শতাংশ সুরক্ষা অনুভব করতে পারেন। ব্যাঙ্কে জমা রাখা নিজের টাকা আপনি যে কোন জরুরী অবস্হায় বার করতে পারেন এবং এমনটা করার সময় অপানি ব্যাঙ্কের তরফ থেকে সুদও পান।

ধরুন, আপনার টাকা শেয়ার বাজারে লাগানো আছে এবং আজ সন্ধ্যা সাতটার সময় আপনার এক লাখ টাকার প্রয়োজন। আপনি শেয়ার বাজারের ক্লোজিং-য়ের সময় দেখলেন যে, আপনার শেয়ারের মূল্য এক লাখ টাকা + তৎকালীন বাজার মূল্য। যদি আপনি শেয়ার বাজার থেকে কাল পয়সা বার করতে চান, তবে এমনটা হতে পারে যে, কাল শেয়ারের দাম কমে গেল এবং 90 হাজার টাকা নিয়ে আপনাকে সন্তুস্ট থাকতে হল।

এই শেয়ারই সামনের সপ্তাহে বা সামনের মাসে আপনাকে 1.25 লাখ টাকাও দিতে পারে।

অল্পমেয়াদী নিবেশে ঝুঁকি বেশী থাকে। এই ধরণের নিবেশ ঠিক কোন খেলার মতই হয়, যাতে হার এবং জিত – দুটোরই সম্ভাবনা সমান মাত্রায় বজায় থাকে।

ভাগে-ভাগে নিবেশ করুন। যদি আপনার কাছে *'এক্স'* টাকা থাকে, তবে পুরো টাকা দিয়ে শেয়ার না কিনে পঞ্চাশ শতাংশ টাকা নিজের কাছেই রাখুন।

লাভ হওয়ার পরেই আবার একবার নিবেশ করুন।

শেয়ার বাজারের একটা সহজ সূত্র হল – বেশী লোভ করলে বেশী ঠকতে হয়।

শেয়ার বাজারে যাঁরা দীর্ঘ সময়ের জন্য নিবেশ করেন, তাঁরা লাভ পান। দীর্ঘমেয়াদী নিবেশকারীদের হঠাৎ করে টাকা তোলার প্রয়োজন পড়ে না। দীর্ঘ সময় ধরে ক্ষতিতে চলতে থাকা কোম্পানীও হঠাৎ করে একদিন লাভজনক পরিস্থিতিতে চলে আসতে পারে এবং নিজের শেয়ার ধারকদের প্রচুর অর্থও প্রদান করে *'লাল'* করে তুলতে পারে।

●●

শেয়ার বেছে নেওয়ার আগে বিশ্লেষণ করুন

এমনটাও দেখা গেছে যে, নিবেশকারীরা শেয়ার বাজারে টাকা খাটাবার আগে টিপ্‌স অথবা পরামর্শ চান। এমন অনেক কম নিবেশকারীই আছেন, যিনি কোন পরামর্শ ছাড়াই নিবেশ করেছেন। এই কথা মাথায় রেখে এখানে কিছু টিপস্‌ দেওয়া হল... শেয়ার কেনার সময় সেগুলি অবশ্যই মাথায় রাখবেন।

সাধারণ আর্থিক ট্রেণ্ড ঃ

সর্বপ্রথমে আমরা টপ্‌ ডাউন এ্যাপ্রোচে সাধারণ অর্থব্যবস্হার ওপরদৃষ্টি দেব। অর্থব্যবস্হা সমুদ্রের ঢেউ-য়ের মত হয় আর বিভিন্ন উদ্যোগ সমূহ এবং ব্যক্তিগত কোম্পানীগুলি নৌকার মত হয়। অর্থব্যবস্হায় বৃদ্ধি এলে উদ্যোগ এবং কোম্পানীগুলি লাভ অর্জন করে এবং অর্থব্যবস্হা মন্দা থাকার সময় কোম্পানি এবং উদ্যোগগুলিতে নেতিবাচক প্রভাব দেখতে পাওয়া যায়।

সমূহের নির্বাচন ঃ

বাজারে উদ্যোগ সমূহের সক্রিয়তা নির্ধারণ করার জন্য প্রতিটি নিবেশকারীর বিকাশের হার, মার্কেট সাইজ এবং অর্থব্যবস্হার গুরুত্বের বিশ্লেষণ করা অবশ্যই প্রয়োজন। যে ভাবে শেয়ার ওঠা-নামা করে, সেই ভাবে এই সমূহও উত্থান-পতনের মধ্যে দিয়ে চলে এবং নিবেশকারীদের প্রভাবিত করে।

সর্বশ্রেষ্ঠকে বেছে নিন ঃ

সমূহ নির্বাচন করার পর নিবেশকারীর বিভিন্ন কোম্পানীর বিস্তার সম্পর্কে বিশ্লেষণ করা উচিত। যে কোম্পানী নিজের সেক্টরে সর্বশ্রেষ্ঠ প্রদর্শন করে, নিবেশকারীর সেই কোম্পানীকেই বেছে নেওয়া উচিত। এই ধরণের কোম্পানীর শ্রেণীতে সেই সব কোম্পানীকে শামিল করা যেতে পারে, যারা নিজেদের বিস্তার নিয়ে সর্বদা আশ্বস্ত থাকে।

এই শ্রেণীতে সেই সব কোম্পানীও থাকতে পারে, যারা নতুন ব্যবস্থাপনা লক্ষ্য প্রাপ্তির জন্য প্রচেস্টা করে চলেছে। নিবেশকারী সেই কোম্পানীগুলিকেও পরীক্ষা করে দেখতে পারেন, যেগুলি বড় স্তরে এবং প্রযুক্তিগত সহযোগিতা দ্বারা নিজেদের লাভ বৃদ্ধি করার জন্য সংযুক্ত কার্য করতে চলছে। আপনাকে সবার আগে কোম্পানী সমূহের ব্যবসা, প্রতিযোগিতামূলক পরিবেশ এবং ভবিষ্যৎ যোজনা সম্পর্কে বুঝাতে হবে।

কোম্পানীর গতিবিধি কি ভাবে মার্কেট শেয়ার, উৎপাদন এবং প্রতিযোগিতা দ্বারা নির্ধারিত হয়, বর্তমান লীডার কে ? আর কোন একটি শেয়ারে হওয়া পরিবর্তন কি ভাবে বর্তমান ভারসাম্যকে প্রভাবিত করে। যে কোন কোম্পানীর প্রতিযোগিতামূলক পরিবেশের অধ্যয়ণ ঠিক এবং ভুল কোম্পানীর নির্বাচনকে নির্ধারিত করে।

নিবেশকারীর প্রতি শেয়ার মূল্যের ইতিবাচক এবং নেতিবাচক প্রভাবেরও অধ্যয়ণ করা উচিত। সবার আগে সেই কোম্পানীগুলির নির্বাচন করা উচিত, যারা ইতিবাচক আয়ের প্রতি সর্বদাই আশ্বস্ত থাকে এবং যাদের আয় সর্বদা ইতিবাচকই থাকে। এমনটা ডাটা কোম্পানীর বার্ষিক ডাটা সেকশন থেকে প্রাপ্ত করা যেতে পারে।

বার্ষিক বিকাশ হার

কোম্পানীর দীর্ঘমেয়াদী লাভের জন্য বিকাশ হার ভিত্তির কাজ করে। এটিকে এই ভাবে বোঝা যেতে পারে ঃ যদি বর্তমান আর্থিক বছরের লাভ গত পাঁচ বছরের থেকে দ্বিগুণ হয়, তবে এর অর্থ হল বিকাশ হার 15 শতাংশ বার্ষিক হারে বৃদ্ধি পাবে। এই ধরণের তুলনামূলক অধ্যয়ণ উদ্যোগ সমূহের অনুপাত দ্বারাও করা যেতে পারে।

লাভ-ক্ষতির মূল্যাংকন ঃ

নিবেশকারী কোম্পানী বা ফার্মের তিন মাসের বিক্রী এবং প্রতি শেয়ার বিক্রীর পরিমাণকে গত তিন মাসের সঙ্গে তুলনাত্মক অধ্যয়ণ করলে লাভ এবং ক্ষতির পরিমাণ জানতে পারবেন। তিন মাসের ক্ষতি যে কোন কোম্পানীর ভবিষ্যতের পক্ষে শুভ সংকেত হয় না এবং নিবেশকারীর এই ক্ষতির কারণ খতিয়ে দেখা উচিত।

লাভ মাত্রা প্রবৃত্তি *(প্রফিট মার্জিন ট্রেণ্ড)* ঃ

নিবেশকারী যে কোম্পানী বা ফার্মের শেয়ার কিনতে চান, তাঁকে সেই কোম্পানীর নেট লাভ মাত্রা এবং তার প্রবৃত্তি ভালোভাবে জেনে নেওয়া উচিত। যদি আয়করের হার অধিকাংশ সময় স্থির থাকে, তবে এর

থেকে করের আগেই লাভ মাত্রা প্রবৃত্তি বা প্রী-ট্যাক্স প্রফিট মার্জিন সম্পর্কে খুব ভালো ভাবে অনুমান করা যায়। করের আগের লাভের মাত্রাতে শুধুমাত্র করের হারে পার্থক্য থাকে। বার্ষিক লাভ-ক্ষতির খাতা নেট লাভের ঠিক আগে আয়করের হার বোঝায়। এই হার যদি গত পাঁচ বছরে মোটামুটি একই থাকে... তবে আমরা নেট লাভের মাত্রা বুঝতে পারি।

ঋণ / ইক্যুইটি ঃ

কোন কোম্পানী কোন্ ইণ্ডাস্ট্রিতে কাজ করছে, তার ওপরেই তার ঋণ / ইক্যুইটি অনুপাত নির্ভর করে। উদাহরণস্বরূপ, পুঁজির বড় মাত্রার ওপর নির্ভরশীল উদ্যোগ, যেমন – অটো ম্যানুফ্যাকচারিং-তে এই অনুপাত দুই-য়ের ওপরে হওয়ার অনুমান করা হয়ে থাকে... কিন্তু ব্যক্তিগত প্রয়োগের জন্য কম্প্যুটার কোম্পানীগুলিতে 0.5-য়ের নীচে। যদি কোম্পানীর প্রসারের জন্য বা কার্যক্ষেত্রের প্রয়োজনীয় অর্থের জন্য অনেক ঋণ নেওয়া হয়, তবে কোম্পানীর আয় সেই ঋণের থেকে হওয়া আয়ের তুলনলয় বেশী হওয়ার সম্ভাবনা থাকে। এই ঋণ ফায়নান্সিং-য়ের থেকে হওয়া আয়, ঋণমূল্য *(সুদ)*-য়ের থেকে অনেক বেশী হয়, তাহলে শেয়ার ধারক *(শেয়ার হোল্ডার্স)*-রা লাভবান হয়। কারণ আয় যত বাড়ে, শেয়ার ধারকদের লাভ তত বৃদ্ধি পায়। বিপরীতে, যদি ঋণ ফায়নান্সিং মূল্যের তার থেকে হওয়া আয়ের থেকে বেশী হয়, তবে কোম্পানীর দেউলিয়া হয়ে ওঠার সম্ভাবনা উৎপন্ন হয়, যার প্রভাব শেষ পর্যন্ত শেয়ার ধারকদের ওপরেই পড়ে।

প্রতি শেয়ার আয় *(রিটার্ন অন্ ইকুইটি)*

আর.ও.ই. *(রিটার্ন অন্ ইকুইটি)* বা প্রতি শেয়ার থেকে আয় নেট লাভ *(এন.পি.)* হচ্ছে শেয়ার ধারকদের বার্ষিক ইক্যুইটি।

কিন্তু এটাও সত্য যে, সমস্ত উচ্চ আর.ও.ই.-র কোম্পানীতে নিবেশ সঠিক হয় না। কিছু কোম্পানীর আর.ও.ই. উচ্চ হয়... কিন্তু তাদের কাছে কোন সম্পত্তি *(এ্যাসেটস)* থাকে না, যেমন কন্সাল্টিং ফার্ম। কিছু ইণ্ডাস্ট্রিকে লাভের প্রথম অংশ রোজগার করার আগেই বড় আকারে ইন্ফ্রাস্ট্রাকচার তৈরী করতে হয়, যেমন – তেল উৎপাদক কোম্পানী বা অয়েল রিফাইনর্স। এই কারণে কেবল আর.ও.ই.-র ভিত্তিতে আমরা কন্সাল্টান্ট ফার্মকে অয়েল রিফাইনরের থেকে ভালো নিবেশকারী বলে মনে করতে পারি না। সাধারণতঃ, যে সমস্ত উদ্যোগের অনেক বেশী পুঁজির প্রয়োজন হয়, সেগুলিতে শুরুর দিকে প্রতিবন্ধকতা দেখা দেয়, যার ফলে প্রতিযোগিতা কম হয়। অন্য দিকে, উচ্চ

আর.ও.ই. যুক্ত ফার্ম, যার এ্যাসেটস্ কম থাকে, তাদের বেশী প্রতিযোগিতার সম্মুখীন হতে হয়... কারণ কম পুঁজি লাগে বলে যে কোন ব্যক্তি এই কাজ শুরু করে পারেন। তবুও, অন্য আর্থিক অনুপাত সূত্রগুলোর সঙ্গে আর.ও.ই.-কে তুলনা করার জন্য সব থেকে ভালো বলে মনে করা হয়।

বৃদ্ধির দর (গ্রোথ রেট)

গ্রোথ রেট = রিটেশন রেট = আর.ও.ই.

উচ্চ আর.ও.ই. থেকে খুব দ্রুত লাভ পাওয়া যায় না। যেহেতু স্টক প্রাইসকে প্রতি শেয়ার আয় (ই.পি.এস.) সব থেকে বেশী প্রভাবিত করে... সেই কারণে 20 শতাংশ আর.ও.ই. কোম্পানীর জন্য 10 শতাংশ আর.ও.ই. কোম্পানীর তুলনায় আয় দ্বিগুণ *(প্রাইস / বুক টার্মসে)* হয়ে যায়। আমরা লাভ অনেক উচ্চ দরে আয়ের পুনর্নিবেশ থেকে পাই... যা কোম্পানীকে আরও বেশী উচ্চ বৃদ্ধি হার প্রদান করে। সাধারণতঃ আর.ও.ই. বৃথা হয়ে পড়ে, যদি আয় পুনর্নিবেশ না করা হয়। দীর্ঘমেয়াদী গ্রোথ মডেলে এমনটা দেখতে পাওয়া গেছে যে, যে ফার্ম ডিভিডেন্ট দেয়, তার আয় বৃদ্ধি কমে যায়। উদাহরণস্বরূপ, যদি ডিভিডেন্ট 20 শতাংশ দেওয়া হয়, তবে আনুমানিক বৃদ্ধি আর.ও.ই.-র 80 শতাংশই হবে।

আর.ও.সি.ই.

আর.ও.সি.ই. কোম্পানীতে নিবেশ করা পুঁজির তুলনা আয়ের সঙ্গে করে। এটি সম্পত্তির ওপর আয় *(রিটার্ন অন্ এ্যাসেট)*-য়ের মত হয়... কিন্তু এতে ফায়নান্সিং-য়ের উৎসকেও মাথায় রাখতে হয়। প্রতি ডিনোমিনেটরে আমাদের কাছে মোট সম্পত্তির জায়গায় নেট সম্পত্তি *(নেট এ্যাসেট)* অথবা নিবেশ করা পুঁজি থাকে... যখন কি অংশ *(ন্যুমরেটর)*-তে করের আগের কার্যরত লাভ বা ই.বি.আই.টি. *(প্রী-ট্যাক্স অপারেটিং প্রফিট)* থাকে। নিবেশ করা পুঁজি *(ক্যাপিটাল এম্প্লয়েড)*-য়ের বিভিন্ন প্রকারের পরিভাষা থাকে। জনপ্রিয় রূপে একে মোট সম্পত্তির থেকে চালু দয়িত্ব অথবা অচল সম্পত্তি এবং চালু পুঁজিকে বাদ দিয়ে আয় মানকের রূপে করা হয়ে থাকে। একে আমরা নিবেশ করা পুঁজি = মোট সম্পত্তি – চালু দায়িত্ব অথবা অচল সম্পত্তি = চালু পুঁজির ফর্মূলার রূপেও ব্যক্ত করতে পারি।

●●

চিন্তা-ভাবনা করে শেয়ার ব্রোকার বাছুন

বিশ্বের সব চেয়ে বিখ্যাত নিবেশকারী বারেন বফেটের বক্তব্য হচ্ছে এই যে, শেয়ার ব্রোকাররা কখনোই আপনার বন্ধু হতে পারে না। তারা অনেকটা ডাক্তারের মতন রোগীর চিকিৎসা করে এবং পরিবর্তে পয়সা নেয়। এটা খুবই সত্য কথা... কিন্তু লোকেরা নিজেদের শেয়ার ব্রোকার সম্পর্কে বেশী কিছু জানতে চায় না।

বেশীর ভাগ লোক শেয়ার ব্রোকারের নাম, তার ফার্ম এবং তার ফোন নম্বরের থেকে বেশী কিছুই জানে না। কখনও ভেবে দেখেছেন কি, আপনি যে শেয়ার কিনছেন বা বিক্রী করছেন, সেটা কার জ্ঞানের ভিত্তিতে। আপনি কিছু রিসার্চ করেন বা শেয়ার ব্রোকারকে জিজ্ঞাসা করে নিবেশ করে থাকেন। নিজে সত্যি কথা জানুন।

এটাও সত্যি যে, বেশীর ভাগ নিবেশকারী নিজের শেয়ার ব্রোকারের ওপরে ভরসা করেন এবং বিশ্বাস করেন যে, সে যা বলছে... তা তাঁর লাভের জন্যই বলছে। কোন-কোন নিবেশকারী বলেন – *"আমার শেয়ার ব্রোকার তো আমাকে একদিন আগেই বলে দেয় যে, অমুক কোম্পানীর শেয়ার কিনুন বা বিক্রী করে দিন।"* অথবা *"আমি কাল অমুক শেয়ার বিক্রী করে অমুক শেয়ার কিনে নিচ্ছি।"* আর নিবেশকারী চুপচাপ সেই কথাই মেনে নেন।

তিনি এমনটা ভাবেন যে, তাঁর থেকে বড় আর্থিক অবস্থায় বসে থাকা ব্রোকারের জ্ঞান তাঁর থেকে অনেক বেশী আর সে তাঁর লাভের জন্যই এই সব কাজ করছে। অনেক লোকের কাছে পর্যন্ত টাকা-পয়সা তো প্রচুর থাকে... কিন্তু শেয়ার কি এবং কোন্ কোম্পানীতে নিবেশ করা উচিত, সে সম্পর্কে তাঁর কোন জ্ঞান থাকে না।

বেশীর ভাগ নিবেশকারী নিজের শেয়ার ব্রোকারের কাঁধে পা রেখেই পয়সা রোজগার করতে চান... কিন্তু এটা কখনও ভেবে দেখেছেন কি যে, শেয়ার ব্রোকাররা শুধুমাত্র নিজের লাভের জন্যই পয়সা রোজগার করে থাকে।

আসলে শেয়ার ব্রোকাররা কখনোই আপনার বন্ধু হয় না... বরং আপনার এমনটা মনে হয়। আপনি তার কথামতন বাজারে ঘটে চলা ঘটনার ভিত্তিতে চলতে থাকেন অর্থাৎ ব্রোকারই আপনাকে চালনা করে।

ব্রোকার বলে বাজার নীচে নামবে, ওপরে উঠবে, এটা কিনুন, ওটা বিক্রী করুন... কিন্তু কেন? আপনি নিজে কখনো মাথা খাটিয়ে দেখেছেন কি যে, আপনি বিশ্বের উন্নত হয়ে চলা কোম্পানীর শেয়ার বৃদ্ধি পাওয়ার আগেই বিক্রী করে দিচ্ছেন না তো বা বাজারে উত্থান-পতন তো লেগেই থাকবে, দীর্ঘ মেয়াদে বাজার কোন্ দিকে যাবে? কিন্তু এই কথাগুলি বেশীর ভাগ নিবেশকারীরা ভাবতেই পারেন না। যদি আপনি এই বিষয়ে সামান্যতম চিন্তাও করেন, তবে আপনি এক বিশেষ নিবেশকারী হয়ে উঠতে পারবেন।

শেয়ার ব্রোকাররা প্রতি বার শেয়ার পরিবর্তন করে আপনার থেকে নিজের কমিশন বা ব্রোকারেজ নিয়ে নেয়। সে চায় যে, আপনি বেশী করে ট্রেডিং করুন এবং কমিশন দিয়ে ব্রোকারের ব্যাঙ্কের খাতা ভরিয়ে তুলুন। মনে করুন যে, পেরাডাইন ইনফোটেকের শেয়ার আগামী দু বছরের মধ্যে 700 টাকা পর্যন্ত ওপরে উঠবে, কিন্তু ব্রোকার আপনাকে বলল – *"দেখুন... 225 টাকা হয়ে গেছে। আপনি একবার বিক্রী করে দিন, আবার কিনে নেবেন।"* আপনি ব্রোকারকে প্রশ্ন করলেন – *"আপনার ঠিক মনে হচ্ছে?"* ব্রোকার উত্তর দিল – *"হ্যাঁ।"* ব্যস্... আপনি নিজের শেয়ার বিক্রী করে দিলেন, কিন্তু 218 আসতে-আসতে সে বলল – *"এবার কিনে নিন।"* এবং আপনি কিনে নিলেন।

এখন পরিস্থিতি উল্টে যায় এবং আপনাকে দিয়ে শর্ট সেল করিয়ে নেওয়া হল এই বলে যে, বাজার পড়ে যাবে এবং আপনিও তাই করলেন। কিন্তু চাল উল্টে গেলে কি হবে? এর অর্থ হল যে, যখন আপনি জানেন যে, এটা 700 টাকা পর্যন্ত যাবে... তখন কেন আপনি

একটা ভালো কোম্পানীর শেয়ার বিক্রী করে দেবেন? বরং নিজের ক্ষমতা অনুসারে নিবেশ করুন এবং যখন কয়েক বছর বাদে বিক্রী করবেন, তখন ভালোমতন লাভবান হতে পারবেন।

কিন্তু ট্রেডিং-য়ে শেয়ার ব্রোকারদের লাভই লাভ। এতে সব থেকে বড় বিপদ হল এই যে, একবার যদি ভালো কোম্পানীর শেয়ার বিক্রী করে দেন এবং পরে কিনে নেবেন বলে ভেবে থাকেন... কিন্তু সেই শেয়ারের দাম দ্রুত গতিতে বৃদ্ধি পাচ্ছিল বলে যদি কিনতে না পারেন বা আপনার টাকা অন্য কোম্পানীত ফেঁসে গেছিল এবং হাতে টাকা না থাকার কারণে যদি আপনি সেই কোম্পানীর শেয়ার কিনতে না পারেন... তাহলে ধরে নিতে পারেন যে, আপনি প্লেন মিস্ করে বসে আছেন।

আসলে, শেয়ার ব্রোকাররা বুদ্ধিমান আর্থিক বিশেষজ্ঞ হয়... যারা সেল্সম্যানের মত কাজ করে, যাতে তাদের কমিশন এবং ব্রোকারেজ অধিক থেকে অধিকতর হয়। তারা চায় যে, তাদের কথা অনুসারে আপনি প্রচুর শেয়ার কিনুন এবং বিক্রী করুন... কিন্তু শেয়ার হোল্ড করার স্হিতিতে আপনাকে তারা রাখতে চাইবে না।

যখন কি সমস্ত আর্থিক বিশেষজ্ঞরা এমনটা বলেন যে, ভারতীয় শেয়ার বাজারের সেন্সেক্স আগত দুই, তিন বা পাঁচ বছরের মধ্যে 25 হাজার বা 35 হাজারে পৌঁছে যাবে... কারণ অর্থব্যবস্হা সত্যিই খুব ভালো কাজ করছে... তাহলে আপনি কেন সেন্সেক্সভিত্তিক শেয়ারে নিবেশ করছেন না?

সেন্সেক্স তো তখনই বাড়বে, যখন এতে অন্তর্ভুক্ত কোম্পানীগুলোর শেয়ার বৃদ্ধি পাবে। তাহলে এবার নিজে বিমানের পায়লটের আসনে বসার জন্য তৈরী হয়ে পড়ুন এবং শেয়ার ব্রোকারকে যাত্রীর আসনে বসান।

●●

শেয়ার বাজারে লাভজনক ট্রেডিং করুন

আমেরিকান নিবেশকারী বার্ণাড বারুকের মতে শেয়ার বাজারে সর্বদা লাভজনক ট্রেডিং করুন, লোকসানজনক নয়। উনি ওনার লেখার বইতে লিখেছেন যে, এটা সর্বদা মাথায় রাখুন যে, শেয়ার বাজারে কখনো লোকসান করবেন না। অর্থাৎ শুধুমাত্র লাভ পাওয়ার জন্যই শেয়ার বাজারে পা রাখুন। এখন একটু ভাবুন যে, এমন অনেক নিবেশকারী আছেন, যাঁরা লোকসান করার জন্যই শেয়ার বাজারে পা রাখেন।

বারুকের নিয়মে এই রহস্য লুকিয়ে ছিল যে, কোনও ট্রেডিং করার আগে রিসার্চ করুন এবং তারপর নিবেশ করুন। অর্থাৎ যে কোন ভুল পদক্ষেপকে আটকে নেওয়ার অর্থ হল লোকসানকে আটকে দেওয়া। অনেকে বলেন যে, যে সমস্ত লোক শেয়ার বাজারে প্রচুর উপার্জন করেন, তাঁদের লোকসান হয় না। এমন লোকেরা মুখে সোনার চামচ নিয়ে জন্মগ্রহণ করেন... কিন্তু এটা কোন কথা নয়।

একজন লোক কিসে-কিসে নিবেশ করতে পারেন, তা এই পৃথিবীতে আসার পরই শেখা যায়। কিন্তু এক বড় অংশ নিবেশকারী এটা দেখেন না যে, তাঁরা কোথায় নিবেশ করছেন বা কারো কথা শুনে নিবেশ হচ্ছে, না কি কাউকে অনুসরণ করে।

সঠিক নিবেশকারী সর্বদা নিজের রাস্তা নিজেই তৈরী করেন এবং যথেষ্ট হোমওয়ার্ক করেন। নিবেশযোগ্য সমস্ত জায়গা এবং সমস্ত কোম্পানী সম্পর্কে তিনি এতটা জ্ঞান সঞ্চয় করে রাখেন, যতটা হয়তো সেই কোম্পানীতে নিবেশ করা অন্য কোন নিবেশকারীও জানেন না। অনেক নিবেশকারী পয়সা রোজগার করতে চাইলেও সে বিষয়ে পড়াশোনা করতে বা খবর রাখতে চান না। তারা চান যে, খবর জোটানোর কাজটা অন্য কেউ করুক এবং তাঁরা শুধু লাভবান হোন।

লোকেরা বড়-বড় নিবেশকারীদের ড্রাইভারের পেছনে থাকেন আর তার মালিক ফোনে কোন্ শেয়ারের সম্পর্কে কথা বলছেন তা জানতে চান। ড্রাইভার খানিকটা শোনে, খানিকটা শোনে না... সে যা বলে, সে অনুযায়ীই লোকেরা ছুটে চলে। যদি ড্রাইভার অতটাই জানত, তবে সে নিজেই মালিক হয়ে ড্রাইভার রাখত না কি ?

একবার টি.ভি.-র এক সাক্ষাৎকার অনুষ্ঠানে একজন বিখ্যাত নিবেশক রাকেশ ঝুনঝুনওয়ালাকে বলা হয়েছিল – *"আপনি কিসে পয়সা নিবেশ করছেন, তা জানার জন্য লোকেরা আপনার ড্রাইভারের পেছনে ঘুড়ে বেড়ায়।"* উনি বলেছিলেন – *"ড্রাইভারকে ডেকে এনে প্রশ্ন করুন এবং সেই সব নিবেশকারীদের খুঁজে বার করুন। দেখুন, তাঁদের মধ্যে ক'জন রাকেশ হতে পেরেছেন।"* এই কথার অর্থ হল, যদি বড় নিবেশকারী হতে চান এবং প্রচুর অর্থ উপার্জন করতে চান... তাহলে অনেক তথ্য জানতে হবে এবং সেগুলোর সঠিক অর্থও জানতে হবে। এই সব তথ্যের অল্প মেয়াদ, মধ্য মেয়াদ এবং দীর্ঘমেয়াদে কি প্রভাব পড়বে, সেটারও বিশ্লেষণ করতে হবে।

ইটালিতে জন্মগ্রহণ করা এবং আমেরিকার বাসিন্দা বার্ণার্ডি বারুক হয়তো এটা বলতে চেয়েছেন যে, নিজে পরিশ্রম করুন। আপনারা একটু চিন্তা করে দেখুন যে, যারা কুড়ি বছর আগে অম্বালাল সারাভাই এবং বাজাজ অটোর শেয়ার কিনেছিল, সেগুলোর মধ্যে আজ অম্বালাল সারাভাই-য়ের শেয়ারের দামের কোন ঠিক-ঠিকানা নেই আর বাজাজ অটো আজ কোথায় দাঁড়িয়ে আছে, তা সবাই জানে। ধীরুভাই আম্বানীর মতে তথ্য পাওয়ার জন্য যে মূল্যই দিতে হোক্ না কেন, তার জন্য দ্বিধা করবেন না।

দুনিয়ার কয়েকজন ধনীর মধ্যে অন্যতম বারেন বফেট নিজের কম্পানী ওয়ার্কশায়র হ্যাথওয়ে-য়ের বার্ষিক আয় বৈঠকে ধনী হওয়ার জন্য কিছু সূত্র দিয়েছিলেন, সেগুলি ছিল এই ধরণের ঃ–

01. বণ্ডের তুলনায় স্টকে নিবেশ করা বেশী লাভজনক হয়। তাঁর চোখে আমেরিকা এবং কোরিয়াতে আপনি সুযোগ নিতে পারেন, কারণ এই দুই দেশেই দ্রুততা থাকবে। যদিও আমেরিকান ডলারের

ক্ষেত্রে তাঁর মতামত ভালো নয়।

02. কোন কোম্পানীতে টাকা নিবেশ করার আগে সেই কোম্পানীর ব্যবস্থাপনা এবং ব্যবসা সম্পর্কে ভালো ভাবে জেনে নিন। আপনি যে দামে শেয়ার কিনছেন বা বিক্রী করছেন, সেটা সঠিক কি? সঠিক দাম অভিজ্ঞতা দ্বারাই বুঝতে পারা যায়।

03. খুব ভালো করে অধ্যয়ণ করুন। বারেন বফেট নিজের 75% সময় পড়ার পেছনে ব্যয় করতেন। শেয়ার বাজার, নিবেশ, অর্থনীতি, রাজনীতি অর্থাৎ সমস্ত বিষয়ে পড়ুন এবং তারপর বিশ্লেষণ করুন।

04. দীর্ঘ মেয়াদের জন্য নিবেশ করুন। তাঁর মতে এই মেয়াদ দশ-পনেরো বছরও হতে পারে। বারেন বফেটের কাছে 1980-81 সালে জারী কোকা কোলার শেয়ার আছে... আবার উনি ওয়াশিংটন পোস্ট আর আমেরিকান এক্সপ্রেসের শেয়ারও বিক্রী করেনি। দৈনিক ট্রেডিং-কে তিনি সঠিক বলে মনে করেন না।

05. শেয়ার এবং বণ্ড এমন কোম্পানীর হওয়া উচিত, যে কোম্পানী নিজের উদ্যোগ আর পরিষেবার এক নম্বর হবে, সেটা অতুলনীয় হবে, লাভবান হবে এবং সেটার আকারও বড় হবে।

06. শেয়ার বাজারে জুয়া খেলবেন না অর্থাৎ কোন ব্যাপারে সঠিক তথ্য না জানা থাকলে সেই কোম্পানীতে শুধুমাত্র এই কারণে নিবেশ করতে যাবেন না যে, আপনার কাছে পয়সা আছে এবং আপনি সেই পয়সা নিবেশ করতে চান। এমনটা ভাববেন না যে, একবার ঝুঁকি নেওয়া যাক... পরে দেখা যাবে। যদি আপনি কোন বাপারে না জানেন, তবে অন্যের পরামর্শ নিন।

●●

মিউচ্যুয়াল ফাণ্ডে নিবেশ করার আগে মাথা খাটান

যে জিনিষের ওপর *'সাধারণ মানুষের জন্য'* এই তকমাটা লেগে যায়, ভারতে তা রমরমিয়ে চলে। সেটা মারুতি 800 হোক্ বা রিলায়েন্স ইনফোকেমের মনসুন হাঙ্গামা... যাতে ক্রেতাদের 500 টাকায় মোবাইল দান করা হয়েছিল। মজার কথা হল এই যে, মিউচ্যুয়াল ফাণ্ড-ও এই শ্রেণীতেই আসে। সাধারণ নিবেশকারীদের উত্থান-পতন এবং ঝুঁকিতে পরিপূর্ণ শেয়ার বাজারে সুরক্ষা প্রদান করার উদ্দেশ্যেই মিউচ্যুয়াল ফাণ্ড শুরু করা হয়েছিল এবং আজ এটা ছোট নিবেশকারীদের পছন্দের বিকল্প হয়ে উঠেছে। এর দেখাশোনার দায়িত্ব পেশাদার ব্যক্তিদের হাতে থাকে এবং এর খরচও অপেক্ষাকৃত কম হয়। এই কারণে ছোট নিবেশকারীরা নিজেদের পয়সা সুরক্ষিত আছে বলে মনে করেন। বর্তমানে শুধুমাত্র ছোট নিবেশকারীরাই যে মিউচ্যুয়াল ফাণ্ড পছন্দ করছেন, তা নয়... বরং অন্যান্য নিবেশকারীরাও এর প্রতি আকৃস্ট হচ্ছেন।

1963 সালে ইউনিট ট্রাস্ট অফ্ ইণ্ডিয়া তৈরী হওয়ার পর উদ্যোগগুলি অনেক নতুন সুযোগ প্রাপ্ত করেছিল। কিন্তু এর প্রধান উত্থানটা তো দেখা গেছে গত কয়েক বছরে। যদি এই ক্ষেত্রে লাগানো টাকা অর্থাৎ এ্যাসেটস্ আণ্ডার ম্যানেজমেন্ট *(এ.ইউ.এম.)*-য়ের দিক থেকে দেখা হলে 2003 সালোর মার্চ মাসে যে টাকা নিবেশ *(794 হাজার মিলিয়ন টাকা)* করা হয়েছিল, সেটা 2007 সালের নভেম্বরে 6.77 গুণ বেশী *(5,379 হাজার মিলিয়ন টাকা)* হয়ে গেছিল।

এখন প্রশ্ন ওঠে যে, কি এমন ঘটনা ঘটল, যার ফলে উদ্যোগ কচ্ছপের চলন ছেড়ে খরগোশের মতন দৌড়তে শুরু করল ? বলা যেতে পারে যে, প্রতিযোগিতা একটা বড় বিষয় হতে পারে এবং এই ক্ষেত্রে প্রাইভেট সেক্টরের খেলোয়াড়রা পা রাখার পরেই এর সূচনা হয়েছিল। 1993 সালে প্রাইভেট সেক্টরগুলি এতে নিবেশ করার মঞ্জুরী পায় আর পরিসংখ্যানই জানাচ্ছে যে, তার পর আর তাঁদের পেছনে ফিরে দেখতে হয়নি। তাদের অংশীদারী দিনে-দিনে বেড়ে উঠতে থাকে। নিজের উন্নতির সময় ওনারা উদ্যোগকে যথেস্ট প্রয়োগবাদী হতে এবং সম্পত্তি

নির্মাণের মতন অনেক নতুন-নতুন গুণ শেখান। বৈদেশিক লেন-দেনের সাহায্যে নিবেশকে আকৃস্ট করতে, আন্তর্জার্তিক কোম্পানীগুলির সাথে অংশীদারী ব্যবসা করে ওনারা ভারতীয় মিউচ্যুয়াল ফাণ্ড উদ্যোগকে আন্তঃজার্ত্তিক পরিদৃশ্যে নিয়ে এসে দাঁড় করিয়ে দিয়েছিলেন। এতে ভারতের মিউচ্যুয়াল ফাণ্ড ব্যবসা বৈদেশিক স্তরকে ছুঁতে পেরেছিল।

প্রাইভেট সেক্টরগুলি অনেক নতুন বিচারের সাথে ভারতীয় বাজারে অবতীর্ণ হয়েছিল... যেমন – প্রথম ওপেন এণ্ডেড ফাণ্ড প্রাইভেট সেক্টর এবং প্রথম গোল্ড ই.টি.এফ.-য়ের দান। এই ধরণের অনেক প্রয়োগ প্রাইভেট কোম্পানীর কৃতিত্ব। প্রাইভেট কোম্পানীগুলোর সাথে কঠোর মোকাবিলার কারণে বাজারে নিজেদের পা টিকিয়ে রাখার জন্য পাব্লিক সেক্টরকেও নিজেদের দক্ষতা বৃদ্ধি করতে হয়েছিল। এর সুবিধা নিবেশকারীরাই পেয়েছিলেন।

নিজের উৎপাদনকে বিশেষ ভাবে তৈরী করার কারণে রিয়েল এস্টেট ফাণ্ড, এনার্জী ফাণ্ড, স্মল কোম্পানীজ ফাণ্ড, এমার্জিং ফাণ্ড এবং আরও অন্যান্য ফাণ্ডের কারণে এই ক্ষেত্র ক্রমাগত সিঁড়ি চড়তে শুরু করেছিল। 2003 সালের অক্টোবরে যেখানে .386-টি স্কীম ছিল... সেখানে আজ এই উদ্যোগের কাছে 809-টি এমন ভালো-ভালো স্কীম রয়েছে, যেগুলো লোকেদের নিবেশের সুরক্ষিত সুযোগ প্রদান করছে। নিবেশকারীরা যে এই দিকে আকৃস্ট হচ্ছেন, তাতে আশ্চর্যের কোন বিষয় নেই।

আসল কথা হল এই যে, আপনি শেষ পর্যন্ত কতটা নিবেশ করলেন ? এই পরিপ্রেক্ষিতে কথা বলা হলে এতে কোন সন্দেহ নেই যে, ইণ্ডাস্ট্রির তীর সঠিক স্থানেই লাগছে। আপনি মানুন বা নাই মানুন... এটা ঠিক যে, রিটার্নের দৃষ্টিভঙ্গীতে মিউচ্যুয়াল ফাণ্ডে যে সমস্ত নিবেশকারী নিবেশ করেছেন, তাঁরা সর্বদাই হাসি মুখে থেকেছেন... কারণ তাঁরা নিজেদের নিবেশ থেকে একশো শতাংশ লাভ প্রাপ্ত করেছেন।

2007 সালের ব্যবসার দিকে নজর দিলে দেখতে পাবেন, 10-টি নামকরা কোম্পানী 80 শতাংশ পর্যন্ত লাভ পেয়েছে। সব থেকে বড় লাভ পেয়েছে রিলায়েন্স ডায়ভার্সিফায়েড পাওয়ার সেক্টর ফাণ্ড... যেটা 112% পর্যন্ত লাভ পেয়েছে। এর সহজ অর্থ হচ্ছে এই যে, 12 মাস আগে যে নিবেশকারী 10,000 টাকা নিবেশ করেছিলেন, তিনি আজ 21,200 টাকা পেয়েছেন।

এমনটা শুধুমাত্র রিলায়েন্সের ক্ষেত্রেই হয়নি। গত কয়েক বছরে প্রত্যেক ফাণ্ড থেকে প্রায় 100 শতাংশ লাভ দেখা গেছে। দীর্ঘ সময়ের

ব্যবধানে ইক্যুইটিভিত্তিক মিউচ্যুয়াল ফাণ্ড-ও বিশেষ লাভ দিয়েছিল।

সব থেকে ভালো প্রদর্শনকারী রিলায়েন্স ডায়ভার্সিফায়েড পাওয়ার সেক্টর ফাণ্ডের গত তিন বছরের লাভের ওপরে দৃষ্টি দিলে, সেটা 87.80% শতাংশ এবং 88.81% ছিল। এর অর্থ হল এই যে, যেসব নিবেশকারী দুই এবং তিন বছর আগে 10,000 টাকা নিবেশ করেছিলেন, আজ তাঁদের টাকা বেড়ে 35,270 এবং 67,310 টাকা হয়ে গেছে।

গত দু বছরের লাভকে মাথায় রাখলে আই.সি.আই.সি.আই. প্রুডেনশিয়াল ইনফ্রাস্টাকচারে লাগানো 10,000 টাকা বৃদ্ধি পেয়ে 30,807 টাকা হয়ে গেছে, যেখানে টরস স্টারশেরে এই টাকা বৃদ্ধি পেয়ে 48,784 টাকা হয়ে গেছে। বেশীর ভাগ ইক্যুইটিভিত্তিক মিউচ্যুয়াল ফাণ্ড পরিকল্পনাই আশাতীত লাভ প্রদান করেছে।

ভারতীয় ইক্যুইটি বাজারে আসা ঐতিহাসিক উত্থান মিউচ্যুয়াল ফাণ্ডে নিবেশকারীদের প্রচুর লাভ প্রদান হয়েছে। কিন্তু এটা হচেছ কয়েনের মাত্র একটা দিক। বাজারের গতি দ্রুত থাকার কারণে কেবল ইক্যুইটিভিত্তিক নিবেশই প্রচুর লাভবান হয়েছে... অন্য দিকে ডেট ফাণ্ড ক্যাটাগোরীতে নিবেশকারীরা বিশেষ কিছুই পায়নি।

গত এক বছরের রিটার্ন অনুসারে কেনেরা রোবেকা সি.আই.জি.ও. গ্রোথ ফাণ্ড খুবই মুশ্কিলে 22.06% লাভ করেছে। এস্কর্টস ইন্‌কাম বণ্ড 19.66% লাভ দিয়েছে। যদি দীর্ঘ ব্যবধানে পরিসংখ্যানের তুলনা করতে হয়, তবে গত তিন বছরের লাভের দিকে নজর দিতে হবে। এই সময়ে এস্কর্টস ইন্‌কাম বণ্ড 20.64 শতাংশের রিটার্ন দিয়েছে। সুদের হারে উত্থান-পতনের কারণেও নিবেশকারীদের অসুবিধা হয়েছে।

বর্তমানে মিউচ্যুয়াল ফাণ্ড উদ্যোগকে আর একটি সমস্যার সম্মুখীন হতে হচেছ। অনেক বিশ্লেষক এমনটা মনে করেন যে, এটা আর কিছুই নয়.. বরং স্পেশালাইজড ফাণ্ডের ওভার ফ্লো। কি গতিতে স্পেশালাইজড ফাণ্ডগুলি ওপরের দিকে উঠছে, সেটা এই জিনিষটা থেকে বোঝা যায় যে, 11-টি নতুন ইক্যুইটি ফাণ্ড থেকে 10-টি ছিল স্পেশালাইজড ফাণ্ডের জন্য।

নিবেশকারীদের পক্ষে এটা চিন্তার বিষয় হয়ে উঠেছে। আগে নিবেশকারীরার সম্পূর্ণ ভাবে ম্যানেজারের ওপর নির্ভর করতেন এবং ঝুঁকি থেকে শুরু করে সঠিক স্হানে নিবেশ - সমস্ত কিছুই ফাণ্ড ম্যানেজারের ওপর নির্ভর করত। আজ নিবেশকারীরা নিজেরাই এই বিষয়ে আগ্রহ দেখাচেছন। বাজারে প্রচুর সংখ্যায় স্পেশালাইজড ফাণ্ড আসার কারণে আজ নিবেশকারীদের পক্ষে প্রতিটা ফাণ্ডের সাথে যুক্ত

ঝুঁকি এবং অন্যান্য দিকগুলি ভালোভাবে বোঝাটা জরুরী হয়ে উঠেছে… কারণ প্রতিটা ফাণ্ডের সম্পর্ক কোন বিশেষ ক্ষেত্রের সাথে সম্পর্কিত হয়।

এই ক্ষেত্রে যদি নিবেশকারীকে সিদ্ধান্ত নিতে হয় এবং তাঁর যদি এমনটা মনে হয় যে, পুরো বাজারটাই ঝুঁকিতে পরিপূর্ণ… তবে তিনি একজন প্রশিক্ষিত নিবেশকারীর মতন চিন্তা করতে শুরু করেন। এই পরিস্থিতিতে সরাসরি ইক্যুইটি মার্কেটে নিবেশ করা অনেক বেশী লাভজনক মনে হয়। ভবিষ্যতে এই নিবেশ থেকে সব চেয়ে বেশী উপার্জন হতে পারে।

উদাহরণস্বরূপ, সব থেকে ভালো রিটার্ন প্রদানকারী রিলায়েন্স ডায়ভার্সিফায়েড পাওয়ার সেক্টর ফাণ্ড এক বছরে 112% লাভ দিয়েছে। এতে নিবেশ জিন্দল স্টীল এ্যাণ্ড পাওয়ার লিমিটেড এবং রিলায়েন্স এনার্জী লিমিটেডের তুলনায় প্রায় দ্বিগুণ লাভ করেছে।

এজন্য এতে কোন সন্দেহ নেই যে, দুই ধরণের ফাণ্ডের নামের সাথে মিউচ্যুয়াল ফাণ্ডের তকমা যুক্ত হয়ে আছে… কিন্তু এতে নিবেশের পর নিবেশকারী যে লাভ পান, তাতে আকাশ-পাতাল পার্থক্য আছে। কাস্টোমাইজেশনের নামে নিবেশকারীরা যে রকম দ্বিধায় পড়েন, এর থেকে এটা পরিস্কার বোঝা যায় যে, মিউচ্যুয়াল ফাণ্ডে টাকা খাটিয়ে পয়সা কামানোর জন্য যথেস্ট বুদ্ধি খাটানোর প্রয়োজন রয়েছে।

বিখ্যাত কোম্পানী ঃ

	কোম্পানী	বন্ধ হওয়ার সময় দাম (ডিসেম্বর, 2007)	বন্ধ হওয়ার সময় দাম (জানুয়ারী, 2007)	পার্থক্য শতাংশ
01.	রিলায়েন্স এনার্জী	1932	523	279.41
02.	এল.এ্যাণ্ড.টি.	4261	1459	92.05
03.	আর.আই.এল	2841	1281	121.78
04.	এস.বি.আই.	2436	1254	94.26
05.	এইচ.ডি.এফ.সি.	2920	1620	80.25
06.	এন.টি.পি.সি.	245	138	77.54
07.	টাটা স্টীল	833	478	74.27
08.	এইচ.ডি.এফ.সি. ব্যাঙ্ক	1721	1068	61.14
09.	রিলায়েন্স কম্যুনিকেশন	959	633	51.50

শেয়ার বাজারের অনুকূল পরিবেশ

2007 সালে ভারতীয় শেয়ার বাজারের ইণ্ডেক্স একের-পর-এক বেশ কিছু নতুন রেকর্ড ভেঙেছে এবং বেশ কিছু মাইলস্টোন পার করেছে। এই কারণে সেটা সব মিলিয়ে ইণ্ডেক্স দেখার ব্যাপার অনেক বেশী ছিল এবং স্টকের কথা কম ছিল। যদি আমরা সংখ্যার কথা বলি, তবে বছরের প্রথম ভাগটা ততটা আশাজনক ছিল না... কিন্তু একটা প্রচলিত কথা আছে– *"এটা হচেছ ঝড় ওঠার আগের মুহূর্তের নীরবতা!"*

14 হাজার থেকে 15 হাজার পর্যন্ত পথ পাড়ি দিতেই ইণ্ডেক্সের প্রায় 7 মাস সময় লেগে গেছিল। 2007 সালের 19-শে সেপ্টেম্বর ইণ্ডেক্স নতুন ইতিহাস তৈরী করেছিল। ব্যবসার শেষ ঘন্টায় ইণ্ডেক্স 450 পয়েন্ট ওপরে উঠে 16 হাজারের সংখ্যা পার করে নিয়েছিল। 15 হাজার থেকে 16 হাজার পৌঁছতে 53 দিন সময় লেগেছিল। 2007 সালের 26-শে সেপ্টেম্বর ইণ্ডেক্স আবার একবার লাফ দেয় এবং 17 হাজারের সংখ্যা পার করে নেয়।

2007 সালের 9-ই অক্টোবর ইণ্ডেক্স 18 হাজার ছুঁয়েছিল। শুধুমাত্র আট দিনের মধ্যেই এটা সম্ভব হয়েছিল। 2007 সালের 15-ই অক্টোবর ইণ্ডেক্স 19 হাজারকে স্পর্শ করেছিল। আর এই পথ পার করেছিল মাত্র 4 দিনে। এখানে একটা কথা বলা প্রয়োজন যে, দুটির গণনা শুধুমাত্র ব্যবসার ভিত্তিতেই করা হয়ে থাকে অর্থাৎ এখানে সেই দিনগুলিই গণনা করা হয়েছিল, যেদিন ব্যবসা হয়েছিল। আমেরিকার ফেডারেল রিজার্ভ মিটিং-য়ের ওপরে চোখ রেখে ফাণ্ডের আক্রামক কেনা-কাটার কারণে 2007 সালের 9শে অক্টোবর ইণ্ডেক্স 20 হাজারের ঐতিহাসিক সংখ্যাও পার করে নিয়েছিল – শুধু মাত্র দশটি ব্যবসায়িক দিনের মধ্যে। আর তারপর থেকেই নিউ ইয়র্কে চলতে থাকা আর্থিক উত্থান-পতন ভারতের ইণ্ডেক্সকেও প্রভাবিত করেছিল।

এবার সেই সব জিনিষের ওপরে দৃষ্টি দেওয়া যাক, যেগুলো ইণ্ডেক্সকে একের-পর-এক নতুন শিখরে পৌঁছে দিয়েছে। শেয়ারের দামে আসা তীব্র

পরিবর্তনের দিকে যদি নজর দেওয়া হয়... তবে দেখতে পাওয়া যাবে যে, রিলায়েন্স এনার্জীর স্টক প্রথম থেকেই শীর্ষস্থানে ছিল। জানুয়ারীতে যার দাম ছিল 523 টাকা, এখন সেটি বেড়ে 1900 টাকার কাছাকাছি পৌঁছে গেছে। এটি প্রায় 300% বৃদ্ধি। অন্য ভাবে বলা যায়, যদি বছরের শুরুতে আপনি 1 লক্ষ টাকা নিবেশ করতেন, তবে আজ আপনি 3,70,000 টাকার মালিক হতেন। আর আপনি কি চান?

রিলায়েন্স এনার্জী প্রাইভেট সেক্টরের এক বড় কোম্পানী। এর মালিকানা অনিল অম্বানীর *'অনিল ধীরুভাই অম্বানী গ্রুপ'*-য়ের হাতে রয়েছে। এটা এমন এক কোম্পানী, যেটা পাওয়ারের উৎপাদন-বিতরণ -বিপনন এবং ব্যবসা করে।

সরকারের লক্ষ্য এখন মৌলিক ইনফ্রাস্টাকচারের ব্যয় বাড়ানোর প্রতি রয়েছে, যার মধ্যে পাওয়ারও অন্তর্ভুক্ত রয়েছে। কোম্পানী লাগাতার উন্নতির পথে এগিয়ে চলেছে এবং সেটা আকাশ ছোঁওয়া উন্নতি প্রাপ্ত করতে কটিবদ্ধ। কোম্পানী শাসন শক্তি পরিকল্পনা, মুম্বাই রেল পরিকল্পনা এবং কৃষ্ণ পট্টনম পরিকল্পনার সাথে-সাথে আরও বেশ কিছু গুরুত্বপূর্ণ পরিকল্পনা নিজেদের হাতে নিয়ে নিয়েছে।

যদি আপনি এমনটা মনে করেন যে, কাহিনী এখানেই শেষ... তবে বলি, রিলায়েন্স এনার্জী লিমিটেডের হাতে এখনও অনেক তাস রয়েছে। অনিল ধীরুভাই অম্বানি গ্রুপ আর.ই.এল. ছাড়াও আরও একটি কোম্পানী – *'রিলায়েন্স পাওয়ার লিমিটেড'* খুলতে যাচেছ, যেটা বিভিন্ন গ্যাস, কয়লা এবং জল বিদ্যুৎ পরিকল্পনাগুলিকে দেশের বিভিন্ন স্থানে খুলতে চায়। নিবেশকারীদের জন্য এটা এক সুখবর যে, রিলায়েন্স পাওয়ার লিমিটেড খুব দ্রুত ক্যাপিটাল মার্কেটে পা রাখতে চলেছে।

এই সূচীর পরবর্তী নাম ক্যাপিটাল গুডস ক্ষেত্রের কোম্পানী লার্সন এ্যাণ্ড টুব্রো। এল.এ্যাণ্ড.টি. ভারতের সব চেয়ে বড় ইঞ্জিনিয়ারিং এবং নির্মাণ কোম্পানী। এটা হচেছ মৌলিক ইনফ্রাস্ট্রাকচারের ক্ষেত্রে দেশের অগ্রণী কোম্পানী এবং এর অগ্রিম কর দেওয়ার ক্ষমতাও বেশ ভালো। 2007 সালের শুরুতে এই কোম্পানীর স্টকের মূল্য 1459 টাকা ছিল... যেটা পরে বেড়ে 4000 টাকা পর্যন্ত হয়েছিল। কেবল 197 শতাংশ বৃদ্ধি! অর্থাৎ 2007 সালের জানুয়ারীতে যদি কেউ এক লক্ষ টাকা নিবেশ করতেন, তবে এক বছর বাদে তিনি 2,92,000 টাকা পেতেন।

সত্যি কথা বলতে কি, ক্যাপিট্যাল গুডস এককই রকেটের গতিতে

বেড়ে চলেছে এবং শেষ কিছু লাফের ফলে ইণ্ডেক্স 17 হাজার থেকে 20 হাজার পর্যন্ত পৌঁছে গেছে। এম.কে. শেয়ার এ্যাণ্ড স্টক ব্রোকার্স এল.এ্যাণ্ড টি.-র কভারেজ থেকে শুরু করেছিল এবং এ্যাকুম্যুলেট সংস্তুতি এবং 4,381 টাকা লক্ষ্যের সাথে বর্তমান স্তর থেকে সাত শতাংশ বেশী প্রাপ্ত করেছিল।

সরকার এবং প্রাইভেট কোম্পানীগুলি অনেক টাকা নিবেশ করছে এবং এল.এ্যাণ্ড.টি.-র সফলতা সুনিশ্চিত বলে মনে হচ্ছে। এর পরিষেবা এবং উৎপাদনের গণ্ডীতে মৌলিক ইনফ্রাস্ট্রাকচার ভিত্তিক সংস্হাগুলির সম্পূর্ণ ক্ষেত্র আসে। এটাই হচ্ছে সুযোগের সদ্ব্যবহার করার সুযোগ

বর্তমানে কোম্পানী এর আলাদা-আলাদা ব্যবসায়িক এককগুলিকে ছয়টি একক এবং তিনটি অঙ্গীভূত এককে ভাগ করার কথা চিন্তা করছে, যেটা ভবিষ্যতেও নিজের গোপন মূল্য এবং শক্তিকে দেখাবে এবং তখন ছোট নিবেশকারীরাও এর উন্নতিতে অংশ নেওয়ার সুযোগ পাবেন।

এই তালিকায় অপর সফল কোম্পানী রিলায়েন্স ব্রিগেডেরই রিলায়েন্স ইণ্ডাস্ট্রিজ লিমিটেড *(আর.আই.এল)*। গত পাঁচ বছরেই এর শেয়ারের দামে 100 শতাংশ বৃদ্ধি হয়েছে। 2007 সালে এই হার 120 শতাংশ ছিল।

মেয়ের বিয়ে থেকে শুরু করে দৈনন্দিন খরচ – সমস্ত দিক থেকেই আর.আই.এল. যথেষ্ট উপযোগী। এটা নিবেশকারীদের পক্ষে আশীর্বাদ হিসেবে প্রমাণিত হয়... যাতে তেল এবং গ্যাসের অনুসন্ধানও শামিল রয়েছে।

রিলায়েন্স ইণ্ডাস্ট্রিজ লিমিটেডের পক্ষে 1007 সালটা অত্যন্ত গুরুত্বপূর্ণ বলে প্রমাণিত হয়েছিল। এর তেল আর গ্যাসের অনুসন্ধান এবং উৎপাদন একক সফলতার নতুন কাহিনী রচনা করেছে। মুকেশ অম্বানী যে এখন আন্তর্জার্তিক স্তরের ব্যবসায়ী হওয়ার চেস্টা করছেন, সেটা আর.আই.এল.-য়ের বর্তমান অবস্হা এবং বিস্তার অভিযান থেকেই বুঝাতে পারা যায়।

রিলায়েন্স পেট্রোলিয়াম লিমিটেড *(আর.পি.এল.)*-য়ের গুজরাটের জামনগরে অবস্হিত পেট্রো-রিফাইনারি নিশ্চিত ভাবে আর.আই.এল-য়ের ইতিহাসে এক নতুন অধ্যায় লিখবে। এর শেয়ারধারকদের লাভের কথা জিজ্ঞাসা করবেন না। আর.পি.এল. বিশ্বের সব চেয়ে বড় রিফাইনারির

মধ্যে অন্যতম হয়ে উঠবে... যার ফলে পরিকল্পনার কার্যোন্নয়ন এবং ধন – দুই ক্ষেত্রেই যুগান্তকারী ঘটনা ঘটবে। এর শেয়ারের দাম 2007 সালের জানুয়ারীতে 60 টাকা ছিল আর সেটা বেড়ে 2007 সালের নভেম্বরে 290 টাকা হয়ে গেছে।

2007 সালে স্টেট ব্যাঙ্ক অফ্ ইণ্ডিয়ার অবস্হাও খুবই ভালো ছিল। উল্লেখযোগ্য বিষয় হল 2007 সালে স্টেট ব্যাঙ্ক 94 শতাংশ স্টক রিটার্ন দিয়েছিল। 2007 সালের শুরুতে এর স্টক 1254 টাকার ছিল... বছরের শেষে সেটা 2436 টাকায় এসে দাঁড়িয়েছিল। 2007 সালের জানুয়ারীতে নিবেশ করা এক লাখ টাকা বছরের শেষে এক লাখ 94 হাজারে পরিণত হয়েছে।

2007 সালের শেষের দিকে স্টেট ব্যাঙ্কের শেয়ারে যে গতি এসেছিল, তার পেছনে কারণ ছিল এর প্রতি সরকারের আগ্রহ। সরকারই হচেছ এস.বি.আই-য়ের সব চেয়ে বড় শেয়ার ধারক। এর সাথে-সাথে পুঁজি বৃদ্ধির পরিকল্পনাও এক গুরুত্বপূর্ণ কারণ ছিল।

সরকার প্রায় 16 হাজার কোটি টাকার রাইটস্ ইশ্যু করার পরিকল্পনা করেছে... যাতে সরকারের অংশীদারী হবে প্রায় 10 হাজার কোটি টাকার। এই প্রকার সুপরিকল্পিত পুঁজি নির্মাণ পরিকল্পনা এবং 2009 সাল পর্যন্ত ব্যাঙ্কিং-য়ে উদারীকরণের সাথেই স্টক লাগাতার নতুন লোকেদের নতুন সুযোগ দেবে।

এই সব কোম্পানী হচেছ এমন কিছু উদাহরণ... যারা সব সময়ই নিজের নিবেশকারীদের অর্থ প্রদান করে গেছে এবং এদের মজবুত ভিত্তির জন্য ভবিষ্যতেও এই সব কোম্পানী নিজের নিবেশকারীদের জন্য সোনার খনি হিসেবেই প্রমাণিত হবে।

●●

উপযোগী পত্র-পত্রিকা

- ➢হিন্দু বিজনেস লাইন (Hindu Business Line)
- ➢দ্য ইকনোমিক টাইম (The Economic Time)
- ➢দ্য ফায়নানসিয়াল এক্সপ্রেস (The Financial Express)
- ➢দ্য বিজনেস স্ট্যাণ্ডার্ড (The Business Standard)
- ➢ক্যাপিটাল মার্কেট (Capital Market)
- ➢বিজনেস ইণ্ডিয়া (Business India)
- ➢বিজনেস ওয়ার্ল্ড (Business World)
- ➢বিজনেস টু-ডে (Business Today)
- ➢আউটলুক মানি (Outlook Money)
- ➢দালাল স্ট্রীট জার্নাল (Dalal Street Journal)
- ➢বাজাজ ক্যাপিটাল ইনভেস্টর্স ইণ্ডিয়া (Bajaj Capital Investors India)

কিছু গুরুত্বপূর্ণ ওয়েব সাইট

www.bseindia.com
www.nseindia.com
www.sebi.gov.in
www.equitymastel.com
www.sharekhan.com
www.capitalmarket.com
www.indiabulls.com
www.moneycontrol.com
www.mutualfundindia.com
www.myiris.com
www.nsdl.co.in
www.icicidirect.com
www.indianinfoline.com
www.investmartindia.com
www.capitalideasonline.com
www.nyse.com
www.nasdag.com

কিছু গুরুত্বপূর্ণ ঠিকানা

বি.এস.ই. মুখ্যালয়
স্টক এক্সচেঞ্জ
ফিরোজ জিজিবয় টাওয়ার্স
দালাল স্ট্রীট
মুম্বাই - 400 001
ফোন : 91 - 22 - 2272 1233 / 4
ফ্যাক্স : 91 - 22 - 2272 1552
ওয়েবসাইট : www.bseinda.com

এন.এস.আই. কর্পোরেট কার্যালয়
ন্যাশনাল স্টক এক্সচেঞ্জ অফ্ ইণ্ডিয়া লিমিটেড
এক্সচেঞ্জ প্লাজা
প্লট সংখ্যা : সি / 1, 'জি' ব্লক
বান্দ্রা-কুরজা কম্প্লেক্স
বান্দ্রা (পূর্ব)
মুম্বাই - 400 051
ফোন : 91 - 22 - 2659 8100 - 8114
ওয়েবসাইট : www.nseindia.com

সেবী কার্যালয়
সিকিউরিটিজ এ্যাণ্ড এক্সচেঞ্জ বোর্ড অফ্ ইণ্ডিয়া
মিত্তল কোর্ট, 'বি' উইং, প্রথম তল
224, নরিম্যান পয়েন্ট
মুম্বাই - 400 021
ফোন : 91 - 22 - 2285 0451 - 56, 2288 0962 - 70
ফ্যাক্স : 91 - 22 - 2204 5633, 2202 1073
ওয়েবসাইট : www.sebi.gov.in.